Voß

Die Menora
Gestalt und Funktion des Leuchters
im Tempel zu Jerusalem

ORBIS BIBLICUS ET ORIENTALIS

Im Auftrag des Biblischen Instituts
der Universität Freiburg Schweiz,
des Seminars für Biblische Zeitgeschichte
der Universität Münster i. W.
und der Schweizerischen Gesellschaft
für orientalische Altertumswissenschaft
herausgegeben von
Othmar Keel
unter Mitarbeit von Erich Zenger und Albert de Pury

Zum Autor

Jens Voß, geboren 1961, studierte evangelische Theologie in Kiel. Sein besonderes Interesse galt dabei dem Alten Testament und der biblischen Archäologie. Nach dem Vikariat in Schleswig ist er nun Pastor der Nordelbischen Evangelisch-Lutherischen Kirche in Tellingstedt, Dithmarschen.

Orbis Biblicus et Orientalis 128

Jens Voß

Die Menora

Gestalt und Funktion des Leuchters im Tempel zu Jerusalem

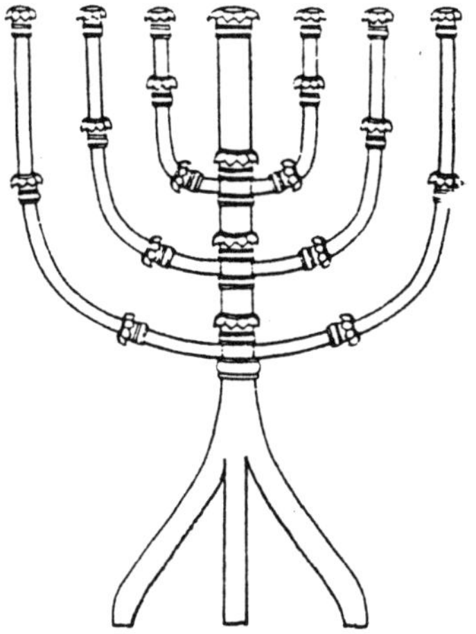

Universitätsverlag Freiburg Schweiz
Vandenhoeck & Ruprecht Göttingen

Die Deutsche Bibliothek – CIP-Einheitsaufnahme

Voß Jens
Die Menora: Gestalt und Funktion des Leuchters im Tempel zu Jerusalem / Jens Voß. Freiburg, Schweiz: Univ.-Verl.;
Göttingen: Vandenhoeck und Ruprecht, 1993.
(Orbis biblicus et orientalis; 128)
ISBN 3-525-53763-8 (Vandenhoeck Ruprecht)
ISBN 3-7278-0877-2 (Univ.-Verl.)
NE: GT

Die Druckvorlagen wurden von den Herausgebern
als reprofertige Dokumente zur Verfügung gestellt

Paulusdruckerei Freiburg Schweiz

ISBN 3-7278-0877-2 (Universitätsverlag)
ISBN 3-525-53763-8 (Vandenhoeck & Ruprecht)

Martin Metzger anläßlich seines 65. Geburtstages

Vorwort

Die vorliegende Arbeit ist eine nahezu unveränderter Abdruck einer wissenschaftlichen Hausarbeit, die ich im Februar 1989 dem Theologischen Prüfungsamt der Nordelbischen Evangelisch-Lutherischen Kirche für das Erste Theologische Examen vorgelegt habe. Der ursprüngliche Titel lautete „Die Menora – Gestalt und Funktion nach schriftlichen Quellen und in jüdischer Bildtradition“.

Ich danke Herrn Prof. Dr. Othmar Keel, Fribourg, für die freundliche Aufnahme dieser Arbeit in die Reihe „Orbis Biblicus et Orientalis“.

Die Nordelbische Evangelisch-Lutherische Kirche hat die Veröffentlichung durch einen großzügigen Druckkostenzuschuß unterstützt.

Mein besonderer Dank gilt Herrn Prof. Dr. Martin Metzger, Kiel. Seine besondere Gabe, Studentinnen und Studenten an seiner Begeisterung für die Welt des Alten Testaments teilhaben zu lassen und ihnen die Methoden zu deren wissenschaftlicher Erforschung zu vermitteln, hat mir dieser Arbeit ermöglicht.

Januar 1993

Inhaltsverzeichnis

Seite

Abkürzungen

Die Abkürzungen wurden übernommen von S. Schwertner: Internationales Abkürzungsverzeichnis für Theologie und Grenzgebiete: Zeitschriften, Serien, Lexika, Quellenwerke mit bibliographischen Angaben. Berlin; New York: 1974.
Darüber hinaus wurden folgende Abkürzungen benutzt:

BN	Biblische Notizen: Beiträge zur exegetischen Diskussion. Bamberg und München
Dtr^G	Deuteronomistisches Geschichtswerk
Dtr^H	Deuteronomistischer Historiograph
E	Eisenzeit
FB	Frühe Bronzezeit
HAL	L. Koehler und W. Baumgartner: Hebräisches und aramäisches Lexikon zum Alten Testament. Leiden
JShrZ	Jüdische Schriften aus hellenistisch-römischer Zeit. Hg. v. W. G. Kümmel. Gütersloh: 1973 ff.
MB	Mittlere Bronzezeit
P	Priesterschrift
P^G	Grundschicht der Priesterschrift
P^S	Sekundäre Zusätze der Priesterschrift
Pers.	Person
SB	Spätere Bronzezeit

Durch Kursivdruck in den Literaturangaben ist der Kurztitel für die nachfolgenden Anmerkungen gekennzeichnet.

Ein * nach einer Bibelstelle weist darauf hin, daß nur der Textbestand in der zuvor rekonstruierten Form gemeint ist.

Einleitung

Die Menora, der siebenarmige Leuchter, gilt in unserer Zeit (neben dem sogenannten Davidstern) als Symbol des Judentums, jüdischer Glaubensinhalte und des Staates Israel. Der Ursprung dieses Symbols ist im Jerusalemer Tempelkult zu suchen. Von dort aus breitete es sich über die verschiedensten Bereiche des religiösen Lebens der Juden in Palästina und der Diaspora aus.

Diese Arbeit fragt nach den Ursprüngen zurück. Sie fragt nach Gestalt und Funktion der Leuchter, die im Tempel von Jerusalem als Kultgerät verwendet wurden. Damit ist zunächst einmal ein zeitlicher Rahmen abgesteckt. Denn einerseits haben Lampen und Leuchter sicherlich schon im Kult der vorstaatlichen Zeit eine Rolle gespielt. Andererseits ist die Bedeutung des siebenarmigen Leuchters durch die endgültige Zerstörung des Tempels nicht aufgehoben, sondern begünstigt worden. Von all dem können wir nur am Rande Kenntnis nehmen, jeweils nur soweit, wie es für Aussagen über den/die Tempelleuchter unerläßlich scheint.

Das bedeutet, daß als schriftliche Quellen nur die biblischen Texte zur Verfügung stehen. Texte der jüdischen Geschichtsschreibung (Josephus und Philo) und der rabbinischen Literatur werden weitgehend ausgeklammert.

Die Beschränkung auf die Tempelmenora bedeutet auch einen Verzicht auf eine nähere Untersuchung der theologischen Bedeutung und symbolischen Funktion des Leuchters im Judentum. Denn diese könnte ohne eine Berücksichtigung der Zeit nach 70 n. Chr. nur höchst unvollständig behandelt werden.

Die Arbeit ist dreiteilig aufgebaut. Im ersten Teil werden die schriftlichen Quellen behandelt und die in ihnen verwendeten Begriffe untersucht. Da ich bei der Analyse von Ex 25,31–40 von der exegetischen Literatur abweiche, nimmt dieser Abschnitt innerhalb der Arbeit eine zentrale Stellung ein.

Der zweite Teil versucht, die Ergebnisse des exegetischen Teils in den Kontext vorderorientalischer Archäologie zu stellen und auf diese Weise die verschiedenen Leuchter des Jerusalemer Tempelkults zu rekonstruieren.

Im dritten Teil habe ich die Ergebnisse dieser Arbeit zu einer ‚Geschichte der Menora' zusammengefaßt.

1. Schriftliche Quellen

1.1. Deuteronomistisches Geschichtswerk

Das deuteronomistische Geschichtswerk berichtet in Zusammenhang mit der Anfertigung der Tempelausstattung durch den Tyrer Hiram (I Reg 7,13–51) von der Herstellung von zehn Leuchtern:

48 Und Salomo machte alle Geräte, die im Haus Jahwes sind: den goldenen Altar und den goldenen Tisch, auf dem die Schaubrote liegen,
49 und die Menorot, fünf rechts und fünf links vor dem Debir, aus Sagur-Gold, jeweils mit Blüte, Lampen und Dochtscheren aus Gold,
50 und die Schüsseln und die Messer und die Sprengschalen und die Pfannen und die Räucherbecken aus Sagur-Gold, und die Angeln für die Türflügel des inneren Raumes, des Allerheiligsten, für die Türflügel des Raumes, des Debir, aus Gold.

Der zitierte Abschnitt fällt aus dem Kontext dadurch heraus, daß es sich bei den geschilderten Geräten nicht um Bronze-, sondern um Goldarbeiten handelt. Es besteht allerdings kein Grund, die Verse 48–50 allein wegen des Wechsels im Material als späteren Einschub zu bewerten.[1] Auffällig ist jedoch die „summarische Kürze"[2] des Abschnitts sowie der Anfang וַיַּעַשׂ שְׁלֹמֹה, in dem von Hiram nicht mehr die Rede ist. So bemerkt M. Noth zu dieser Stelle: „Die in 49a erhaltene Bemerkung über die Aufstellung der ‚Leuchter' vor dem

---

1 Anders B. Stade: „Der Text des Berichtes über Salomos Bauten". ZAW 3 (1883): S. 168.

2 *M. Noth*: *Könige*. 1. Teilband. Neukirchen-Vluyn: 1968. S. 146 (BK. AT Bd. 9, 1).

‚Schrein' erscheint im Zusammenhang unpassend, und mit dieser Bemerkung ist die Zahlenangabe (5+5) unlöslich verbunden. Aber auch abgesehen davon ist die Ursprünglichkeit der Angabe über die Vielzahl der Leuchter fragwürdig ..., weil das folgende וְהַפֶּרַח im sing. steht und also offenbar mit nur einem Leuchter rechnet."[1]

Ich wünschte, es wäre so, und wir könnten auf dem Wege der Literarkritik jedenfalls in bezug auf die Anzahl der Tempelleuchter Kontinuität zu den anderen biblischen Quellen erreichen! Doch scheinen mir die Argumente M. Noths nicht zu greifen. Möglicherweise gibt es Anlaß, die Bemerkung über die Aufstellung und die damit verbundene Zahlenangabe für eine spätere Einfügung zu halten, wenn man den Vers 49 in den Kontext von I Reg 7,13–51 stellt. Dann jedoch bleibt der Plural מְנֹרוֹת bestehen. An dieser Stelle hätte der Bearbeiter also nicht nur erweitert, sondern auch in den Text eingegriffen, wenn wir einen ursprünglichen Singular מְנֹרָה annehmen. Dann jedoch wäre es ihm ein Leichtes gewesen, auch הַפֶּרַח in den Plural zu setzen, wenn er die Singularform in Zusammenhang mit מְנֹרוֹת als störend empfunden hätte.[2] Doch kann sich der Singular הַפֶּרַח durchaus auf mehrere Menorot beziehen, besonders dann, wenn es sich dabei um einen terminus technicus für einen bestimmten Teil der Leuchter handelt.[3] Und daher gibt es keinen Grund, den Plural מְנֹרוֹת als sekundär zu bewerten.

---

1 A. a. O. S. 166.

2 Ich bin mir durchaus im klaren darüber, daß spätere Bearbeiter nicht immer so konsequent gearbeitet haben, wie ich es hier unterstelle. Ich möchte lediglich aufzeigen, daß die Argumentation M. Noths keineswegs zwingend ist.

3 Eine Parallele finden wir in Ex 25,31–40: Dort ist von Kelchen die Rede, die sich jeweils aus Knoten und Blüte zusammensetzen. In Vers 33 P^S heißt es גְבִעִים כַּפְתֹּר וָפֶרַח.

Wie verhält es sich nun mit den Zahlenangaben und dem Aufstellungsvermerk? Ähnliche Angaben finden sich in V.21 und V.39. Im ersten Fall wird die Aufstellung der Säulen berichtet, im anderen die der Kesselwagen und des ehernen Meeres. Zu beiden schreibt M. Noth, die Aufstellung sei „vor dem Ausführungsvermerk in 41–47 nicht am Platze und sicher literarisch sekundär".[1] Dieser Ausführungsvermerk stammt nach M. Noth aus „amtlichem Material", das heißt, es handelt sich bei ihm – wie bei den Bemerkungen über die anzufertigenden Bronze- und Goldarbeiten V.15–40a.48–50 – um „eine offizielle Aufzeichnung aus der Jerusalemer königlichen Verwaltung".[2] Die Redaktionsgeschichte rekonstruiert M. Noth etwa so: Die Hofbeamten Salomos ergänzten ihre Liste der auszuführenden Bronze- und Goldarbeiten nach Beendigung der Arbeiten jeweils um eine Notiz über die Ausführung (V.41–47).[3] Dieses Listenmaterial wurde dann im Zuge einer „vordeuteronomistischen Zusammenfassung der Salomogeschichte"[4] zu einem Bericht umgestaltet und in dieser Form ins Dtr^G aufgenommen. Später wurden einige Details ergänzt. So wurden z. B. die Aufstellungsnotizen in V.21.39.49 „mit Wahrscheinlichkeit eine Zeit vor der Zerstörung des salomonischen Tempels im Jahre 587 v. Chr."[5] hinzugefügt. Erst in einem letzten Stadium sei die Person des Handwerkers Hiram eingefügt worden.

Diese Literargeschichte möchte ich in ihren Grundzügen übernehmen. Hinter der von M. Noth angenommenen vordeuternomistischen

---

1 A. a. O. S. 152; vgl. S. 161.

2 A. a. O. S. 147 f.

3 Die Ausführungsnotiz über die Goldarbeiten ist nicht überliefert.

4 A. a. O. S. 148.

5 Ebd.

Salomoerzählung verbirgt sich vermutlich das in I Reg 11,41 zitierte „Buch der Geschichte Salomos, das von Dtr^{H} in sein Geschichtswerk eingearbeitet wurde".[1] Die genaue Datierung und Bestimmung dieser Quelle ist leider nicht möglich. Es ist jedoch nicht auszuschließen, daß sie bereits im neunten vorchristlichen Jahrhundert abgeschlossen war. Anlaß für die Umgestaltung des Archivmaterials in eine Biographie des Königs könnte der Tod Salomos oder die sogenannte „Reichsteilung" gegeben haben. Es gibt keinen Grund, warum nicht bereits in diesem vordeuteronomistischen, sehr frühen Stadium die Aufstellungsnotizen in I Reg 7,21.39.49 hinzugefügt sein sollten. Für eine Datierung in die Zeit kurz vor 587[2] gibt es meiner Meinung nach keine Anhaltspunkte.

Zusammenfassend kann man sagen: Wir erfahren aus dem Dtr^{G}, daß bei der Einrichtung des salomonischen Tempels zehn Leuchter aufgestellt wurden. Ihr Aussehen wird nicht näher beschrieben, als einziger Bestandteil wird die „Blüte" (פרח) der Leuchter genannt.

1 A. a. O. S. 262 f.; vgl. dazu *R. Smend*: Die *Entstehung* des Alten Testaments. Stuttgart; Berlin; Köln; Mainz: (1978) 1981^{2}. S. 120 (Theologische Wissenschaft. Bd. 1). – W. Dietrich (Prophetie und Geschichte: Eine redaktionsgeschichtliche Untersuchung zum deuteronomistischen Geschichtswerk. Göttingen 1972: S. 143 (FRLANT Bd. 108)) datiert Dtr^{H} (von ihm Dtr G genannt) in die Zeit zwischen 587 und 580.

2 M. Noth: Könige. S. 148.

1.2. Priesterschrift

Es überrascht nicht, daß die Priesterschrift die ergiebigste Quelle zur Rekonstruktion eines Kultgerätes, der Menora, ist. Entsprechend den Interessen der priesterlichen Verfasser enthält diese Schrift detaillierte Angaben zur Herstellung des Leuchters, zu seiner Aufstellung und Wartung. Für das Thema dieser Arbeit ist vor allem der Text Ex 25,31–40 par. 37,17–24 von Bedeutung, doch auch die anderen Stellen sollen berücksichtigt werden.

1.2.1. Exodus 25,31–40 und 37,17–24

1.2.1.1. Übersetzung

Der Text Ex 25,31–40 lautet:

31 Und du sollst eine Menora aus reinem Gold machen. In getriebener Arbeit (soll) die Menora (sein). Ihr Fuß und ihre Röhre, ihr(e) Kelch(e), ihr(e) Knoten und ihr(e) Blüte(n)[1] sollen ein Stück mit ihr sein.

32 Und sechs Röhren ausgehend von ihren Seiten, drei Röhren der Menora von ihrer einen Seite und drei Röhren der Menora von ihrer zweiten Seite.

33 Drei herausgearbeitete Kelche an der einen Röhre – Knoten und Blüte – und drei herausgearbeitete Kelche an der anderen Röhre – Knoten und Blüte –, so für die sechs Röhren, die von der Menora ausgehen.

1 Die Texte schreiben hier durchweg Pluralia, zu den Singularformen s. u. S. 37 f.

34 Und an der Menora vier herausgearbeitete Kelche – Knoten und Blüten.
35 Und (zwar) ein Knoten unter den zwei Röhren von ihr, und ein Knoten unter den zwei Röhren von ihr, und ein Knoten unter den zwei Röhren von ihr, bei den sechs Röhren, die von der Menora ausgehen.
36 Ihre Knoten und ihre Röhren sollen ein Stück mit ihr sein, getriebene Arbeit in einem Stück, aus reinem Gold.
37 Und mache ihre sieben Lampen
und er soll ihre Lampen hinaufstellen, und er soll die gegenüberliegende Seite beleuchten.[1]
38 Und ihre Dochtscheren und ihre Pfannen aus reinem Gold.
39 Aus einem Kikkar reinen Goldes soll er sie machen, alle diese Geräte.
40 Und siehe und mache – nach ihrem Vorbild, das dir auf dem Berg gezeigt worden ist.[2]

1.2.1.2. Textkritik

Der Masoretische Text ist recht gut verständlich. Wo andere Handschriften von ihm abweichen, handelt es sich zumeist um kleinere Glättungen, die in unserem Zusammenhang unberücksichtigt bleiben können. Hier sollen nur solche Varianten besprochen werden, die „Gestalt und Funktion“ der Menora betreffen.

---

1 Zu dieser Übersetzung s. u. S. 41 f.

2 Die eingerückt gedruckten Texte gehören zu späteren literarischen Schichten, s. u. S. 30.

In Vers 31 weicht der samaritanische Pentateuch insofern vom Masoretischen Text (יְרֵכָהּ וְקָנָהּ) ab, als er beide Nomina im Plural bietet (וקניה ירכיה). Tatsächlich ist ja der masoretische Singular gerade bei קָנָה überraschend und birgt für die Übersetzung die größten Schwierigkeiten. Auch der Plural von יָרֵך ist leicht nachzuvollziehen, wenn man an einen Leuchter mit mehreren „Schenkeln“, also Standfüßen, denkt. Da diese Version aber nicht von anderen Quellen gestützt wird, muß dem Masoretischen Text als der lectio difficilior der Vorzug gegeben werden.[1]

Bei der Beschreibung der Kelche verzichtet die Septuaginta auf die umständliche Wiederholung des ersten Satzes von V.33. Dafür fügt sie in V.34 noch ἐν τῷ ἑνὶ καλαμίσκῳ ein. Bei dieser Umstellung handelt es sich offensichtlich um eine sekundäre Glättung des Masoretischen Textes, der deshalb beizubehalten ist.

Um eine Glättung handelt es sich wohl auch bei der Septuaginta-Version von V.35, die hier wiederum von der mühsamen Aneinanderreihung des hebräischen Textes abweicht und – damit die Rechnung dennoch aufgeht – einmal τέσσαρας καλαμίσκους einsetzt.

Während die Anweisungen von V.31–37a in allen Handschriften in der 2. Person Singular verfaßt sind, findet im letzten Teil des Textes teilweise ein Wechsel in die 3. Person statt. Zwar ist diese Tatsache nicht im oben angegebenen Sinne von Bedeutung, sie muß jedoch um ihrer literarkritischen Relevanz willen berücksichtigt werden.

---

1 Anders *V. Fritz*: *Tempel und Zelt*: Studien zum Tempelbau in Israel und zu dem Zeltheiligtum der Priesterschrift. Neukirchen-Vluyn: 1977. S. 118 Anm. 32 (WMANT Bd. 47).

Wir fangen am Ende an: Die einzigen eindeutig überlieferten Verba der letzten Verse sind וּרְאֵה וַעֲשֵׂה in V.40, so daß der übrige Text gewissermaßen von Formen in 2. Person umklammert wird. Schwierigkeiten bereiten nun die beiden Verbformen, die in Vers 37bα und in V.39 von dieser Klammer unmittelbar berührt werden. In beiden Fällen steht der Masoretische Text, der die 3. Person bietet, gegen nahezu die gleiche große Gruppe gewichtiger Textzeugen (Samaritanus, Septuaginta, Peschitta und Targume), die im zweiten Falle noch von einigen Handschriften des Masoretischen Textes gestützt wird. Dennoch ist dem Text des Codex Leningradensis hier als lectio difficilior der Vorzug zu geben, zumal sich die Varianten leicht als Angleichung an den Kontext erklären lassen.

Das letzte zu besprechende Verb im Abschnitt ist וְהֵאִיר in V.37bβ. Der Masoretische Text liefert hier eine maskuline Hiph'il-Form in der 3. Person, die, da sie sich nicht auf das feminine מְנֹרָה beziehen läßt, hier nur kausativ übersetzt werden kann („er soll erleuchten/beleuchten"). Der Samaritanus bietet hier den Plural והאירו, wobei die Hiph'il-Form offenbar denominiert verstanden wird („sie sollen leuchten").[1] Dadurch wird auch an dieser Stelle die „störende" 3. Person des Masoretischen Textes umgangen, der dennoch beizubehalten ist.

1 Vgl. auch LXX und die lateinischen Übersetzungen. Die LXX hat als Konsequenz dieser Änderung am Ende des Verses ἐκ τοῦ ἑνὸς προσώπου.

1.2.1.3. Literarkritik

„Bekanntlich stammen die Ex 25 bis Nm 10 mitgeteilten Gesetze und Berichte (mit Ausnahme von Ex 32–34,28) aus der priesterschriftlichen Schicht des Pentateuch.“[1] Dieser erste Satz aus Kochs Untersuchung zur Priesterschrift kann getrost auch hier an den Anfang gestellt werden, denn er gibt auch dreißig Jahre nach seiner Abfassung noch einen allgemeinen consensus wieder.[2] Und tatsächlich wird das priesterliche Interesse, dem diese Pentateuchquelle ihren Namen verdankt, selten so deutlich wie hier. Aber, auch hierin können wir uns K. Koch anschließen[3], diese priesterliche Schicht ist ihrerseits ein komplexes literarisches Gebilde. Diese Tatsache hat sich in der Unterscheidung einer Grundschrift von ihren sekundären Zusätzen niedergeschlagen, für die sich die Bezeichnungen P^G (oder P^g) und P^S (P^s) durchgesetzt haben.[4] Doch auch diese Unterscheidung wird der Entstehungsgeschichte der P-Stücke nur teilweise gerecht, da für P^G mit einer (literarischen oder mündlichen) Vorgeschichte zu rechnen ist[5] und auch P^S nur die zusammenfassende Bezeichnung für eine Reihe von Ergänzungen zur Grundschrift darstellt.[6]

---

1 *K. Koch*: Die *Priesterschrift* von Exodus 25 bis Leviticus 16: Eine überlieferungsgeschichtliche und literarkritische Untersuchung. Göttingen: 1959. S. 5 (FRLANT Bd. 71).

2 Vgl. z. B. R. Smend: Entstehung. S. 48.

3 A. a. O. S. 5 f.

4 Vgl. R. Smend: Entstehung. S. 51 f.

5 Diese ist z. B. näher untersucht von G. v. Rad: Die Priesterschrift des Hexateuch. Stuttgart: 1934 (BWANT Bd. 65) und von *R. Rendtorff*: Die *Gesetze* in der Priesterschrift: Eine gattungsgeschichtliche Untersuchung. Göttingen: (1954) 1963^2 (FRLANT Bd. 62).

6 Vgl. R. Smend: Entstehung. S. 52.

Der Abschnitt über den Leuchter steht innerhalb der Anweisungen für Bau und Ausstattung des Zeltheiligtums (Kap. 25–31). Die Abgrenzung des Abschnittes von seinem Kontext bereitet keine Schwierigkeiten. Die Anweisung zum Bau des Tisches endet in V.30, וְעָשִׂיתָ מְנֹרַת bildet einen deutlichen Neueinsatz. In V.40b endet die Perikope mit dem Hinweis auf das dem Mose gezeigte Modell, der auch an anderen Stellen einen Abschluß markiert.[1] Im folgenden Vers beginnt der Abschnitt über die Wohnung.

Innerhalb des Abschnittes über die Menora sind eine Reihe von Auffälligkeiten zu beobachten, die dazu beitragen können, die Literargeschichte des Textes zu erhellen.

- *Wechsel von Verbalsätzen und Nominalsätzen*

  Die Anweisungen in Kap. 25–31 sind zum überwiegenden Teil in Verbalsätzen abgefaßt. In unserem Text hingegen stehen Verbal- und Nominalsätze in stetem Wechsel. Nominalsätze liegen in V.32–35.38 vor, Verbalsätze in V.31.36f.39f.

- *Wechsel von 2. und 3. Person Singular in den Verbalsätzen*

  Die Verbalsätze ihrerseits unterscheiden sich durch den Gebrauch der 2. Person Singular in V.31.37a.40 und der 3. Person Singular in V.36.37b.39. Dabei sind die Sätze 37b und 39 auffällig, da solche Aufforderungen an eine 3. Person im Kontext (Kapitel 25–31) sonst nicht begegnen.

- *Unterschiedlicher Gebrauch von קָנֶה*

  In V.31 wird קָנֶה (Röhre) im Singular gebraucht, während es sonst nur in Pluralform steht bzw. (in V.33) deutlich an mehrere Röhren gedacht ist.

---

[1] Vgl. Ex 25,9; 26,30; 27,8.

– *Verschiedene Verwendung von* מְנוֹרָה

M. Noth bemerkt, daß „das Wort für ‚Leuchter' verschieden gebraucht wird, nämlich einmal im Sinne des gesamten Geräts (so V.31) und sodann vereinfachend im Sinne des zentralen Teiles (so V.33b.34.35)".[1] Die literarkritische Relevanz dieser Beobachtung ist ebenfalls zu überprüfen.

Eine Literarkritik zu Ex 25,31–40 muß meiner Ansicht nach alle diese Beobachtungen berücksichtigen – sei es, daß sie direkt zu einer Unterscheidung von Textschichten führen, sei es, daß Spannungen innerhalb einer Einheit einleuchtend erklärt werden können. Eine solche Lösung meine ich gefunden zu haben. Da diese entscheidend von der exegetischen Literatur abweicht, stelle ich die literarkritische Diskussion kurz dar.

Den ersten literarkritischen Versuch zu unserem Text unternimmt H. Holzinger[2], der die Verse 33 bis 36 als Glosse auszuscheiden erwägt. Eine Begründung dafür wird nicht angeführt, doch es kann eigentlich nur der unterschiedliche Gebrauch des Wortes מְנוֹרָה dazu Anlaß gegeben haben. Davon jedenfalls geht K. Galling[3] aus, der H. Holzinger als seinen Kronzeugen angibt. K. Galling übernimmt dessen Ergebnisse, rechnet jedoch auch die Verse 38f zur jüngeren Schicht (P^B, im Unterschied zur Grundschicht P^A). Nach H. Holzinger und K. Galling besteht der vom Grundbestand des Textes beschriebene Leuchter also „aus einem Dreifuß(?)-Mittelschaft mit sechs vermutlich

1 A. a. O. S. 169.

2 *H. Holzinger*: *Exodus*. Tübingen; Freiburg i. Br.; Leipzig: 1900. S. XVIII (KHC Bd. 2).

3 G. Beer und *K. Galling*: *Exodus*. Tübingen: 1939. S. 132 f. (HAT Bd. 1, 3).

ganz unverzierten Armen. Oben darauf sitzen sieben tönerne Lampen."[1] Diese Lösung ist jedoch aus zwei Gründen abzulehnen: Zum einen bleibt der unterschiedliche Gebrauch von קָנֶה gänzlich unberücksichtigt. Zum anderen werden die Spannungen im P^A zugehörenden Vers 37 auf textkritisch unzulässige Weise beseitigt.

Zwei weitere bedeutende Arbeiten zum Text erschienen im Jahre 1959. Als erstes sei das bereits zitierte Buch von K. Koch genannt.[2] Die Ergebnisse dieser im Untertitel als überlieferungsgeschichtlich und literarkritisch bezeichneten, ihrer Methode nach jedoch formkritischen Arbeit können hier nicht im Ganzen ausgeführt werden. Es genügt, festzustellen, daß K. Koch in Ex 25 bis Lev 16 eine Gattung rekonstruiert, die er im Anschluß an R. Rendtorff[3] als Rituale bezeichnet. „Jedes Ritual besteht aus einer Anzahl von drei- bis viergliedrigen Kurzsätzen, die alle mit einem Verb im w-pf beginnen und zu einer Reihe von drei, fünf, zehn, zwölf, ja einmal sogar dreißig Gliedern zusammengestellt sind." Die Rituale wurden ursprünglich von den Priestern mündlich überliefert, um „die Einzelheiten des Kultes einzuprägen".[4] Das den Leuchter betreffende Ritual besteht nach K. Koch aus den fünf Kurzsätzen Ex 25,31a.37.38. Vers 38 ist nach dem Septuagintatext durch עָשִׂיתָ ergänzt, um eine Fünferreihe zu erhalten. Diese textkritische Entscheidung ist allerdings sehr fraglich und wurde wohl in erster Linie vom gewünschten Ergebnis bestimmt. Den vierten Kurzsatz (V.37bβ) übersetzt K. Koch: „Er hat den vor ihm

---

1 K. Galling: Exodus. S. 133.

2 K. Koch: Priesterschrift.

3 R. Rendtorff: Gesetze.

4 K. Koch: Priesterschrift. S. 96 f.

liegenden Raum zu beleuchten“[1], womit laut Fußnote der Leuchter gemeint ist. Doch diese Übersetzung erscheint mir ausgeschlossen, da הֵאִיר ein maskulines Subjekt haben muß, während die מְנוֹרָה feminin ist.[2] Doch selbst, wenn man K. Koch in diesem Punkt zustimmte, bliebe die Frage nach dem Wechsel in die 3. Person nur zur Hälfte gelöst, da V.37bα keinen Spielraum für eine andere Übersetzung läßt. Dieser Satz bildet einen Fremdkörper nicht nur innerhalb des „Leuchter-Rituals“, sondern auch im Kontext der „Rituale“ überhaupt, die ansonsten ausnahmslos in der 2. Person abgefaßt sind. Selbst wenn man K. Koch in Hinsicht auf die Rituale rechtgibt, fällt der Abschnitt über den Leuchter nicht dieser Gattung zu.[3]

Ebenfalls im Jahr 1959 erschien der Exodus-Kommentar von M. Noth[4], der den Abschnitt Ex 25,31–40 „im wesentlichen als literarisch einheitlich“ auffaßt. Lediglich in V.37b-40 will er einen „sekundären Zuwachs“ erkennen.[5] Die Beobachtung, die zu diesem Ergebnis geführt hat, betrifft den Wechsel in die 3. Person in V.37b.39. Vers 40 knüpft angeblich „formal an V.39 an“[6], jedoch bleibt unklar, worin diese Anknüpfung bestehen soll, da sich der Vers ebenfalls problemlos an V.37a oder V.38 anhängen läßt. Zusätzlich meint M. Noth, daß der Hinweis auf das Modell in V.40 „aus dem sonst

---

1 A. a. O. S. 13.

2 Vgl. *D. Kellermann*: Die *Priesterschrift* von Num 1,1 bis 10,10 literarkritisch und traditionsgeschichtlich untersucht. Berlin: 1970. S. 113 (BZAW Bd. 120).

3 Weitere kritische Argumente bei V. Fritz: Tempel und Zelt. S. 114 – 117, sowie bei *M. Görg*: „Zur *Dekoration* des Leuchters.“ BN 15 (1981): S. 21 – 29, welcher die Ergebnisse K. Kochs jedoch zum großen Teil übernimmt.

4 M. Noth: Das zweite Buch Mose: Exodus. Göttingen: (1959) 1961[2] (ATD 5).

5 A. a. O. S. 169.

6 Ebd.

üblichen Rahmen" falle[1], was vor dem Hintergrund von Ex 25,9 nicht überzeugt.[2]

Die gleiche literarkritische Scheidung unternimmt V. Fritz, der damit rechnet, „daß der gesamte Abschnitt 25,31–40 eine sekundäre Erweiterung darstellt, wobei V.37b-40 ein Zusatz innerhalb des Abschnittes sind."[3] Zu diesem Schluß kommt er, da „in V.37b bis 40 die 3. Pers. sing. vorherrscht".[4] Weshalb V.40 jedoch wieder die 2. Person benutzt, bleibt auch bei V. Fritz offen. Den unterschiedlichen Gebrauch von קָנֶה in V.31–37a beseitigt er durch Bevorzugung des samaritanischen Textes in V.31[5], die meiner Meinung nach nicht zulässig ist. Der unterschiedliche Gebrauch von מְנֹרָה und der in V.31–37a vorherrschende Nominalstil werden weder von M. Noth noch von V. Fritz berücksichtigt.

Im folgenden möchte ich mein eigenes Ergebnis vorstellen und erläutern. In Ex 25,31–40 läßt sich meiner Meinung nach ein ursprünglicher Grundbestand (V.31.37a.38.40) von einer späteren Überarbeitung abheben. Dieser Grundbestand enthält die an eine 2. Person gerichtete Aufforderung zur Herstellung eines aus Fuß und Röhre bestehenden Lampenständers. Diese Menora ist mit Knoten und Blüten verziert, als Zubehör werden sieben goldene Lampen sowie goldene Dochtscheren und Pfannen genannt. V.38 wird durch Zusammenstellung mit V.37a zum Teil eines Verbalsatzes, so daß die

1 Ebd.

2 Vgl. auch Ex 23,30 und Num 8,4.

3 V. Fritz: Tempel und Zelt. S. 118.

4 Ebd.

5 A. a. O. S. 111 Anm. 32.

von K. Koch gemachte Ergänzung hier unnötig ist.[1] Im Zusammenhang mit den beobachteten Spannungen in Ex 25,31–40 trifft für den rekonstruierten Grundbestand folgendes zu:

– Er ist in reinem Verbalstil abgefaßt.

– Die Aufforderungen ergehen alle an eine 2. Person Singular.

– Das Wort קָנֶה bedeutet hier ausschließlich Röhre = Schaft des Leuchters.

– Das Wort מְנֹרָה wird hier nur für den ganzen Gegenstand gebraucht.

Es ergibt sich also ein logischer, spannungsfreier Text. Diese einfache Einheit wurde zu einem späteren Zeitpunkt um V.32–36.37b.39 erweitert.

Nun muß nach dem größeren literarischen Zusammenhang des Grundbestandes[2] gefragt werden. Wie bereits erwähnt, steht der Abschnitt über den Leuchter innerhalb der Anweisungen für Bau und Ausstattung des Zeltheiligtums (Kap. 25–31), die der Priesterschrift (im weiteren Sinne) zugehören. Für K. Koch, der innerhalb dieser Kapitel die Gattung der „Rituale" erkennt[3], gehört der Großteil dieser Anweisungen zur überlieferungsgeschichtlichen *Vorgeschichte* der Priesterschrift. Für V. Fritz[4] hingegen sind die Abschnitte über Lade und Deckplatte, Tisch, Zelt, Vorhänge und Altar, von Erweiterungen und Zusätzen abgesehen, zu P^G zu rechnen, der größte Teil der

---

1 K. Koch: Priesterschrift. S. 13. S. o. S. 28.

2 Für die Erweiterung kann auf die Redaktionsgeschichte verwiesen werden.

3 S. o. S. 28 f.

4 V. Fritz: Tempel und Zelt. S. 122.

Einleitung (V.2–9), die Abschnitte über den Leuchter, die Wohnung und den Vorhof sind Erweiterungen. Der Abschnitt über den Leuchter gehört nach V. Fritz also zur *Nachgeschichte* von P.

Im großen und ganzen beziehe ich mich für die Literarkritik von Ex 25–31 auf V. Fritz.[1] Meine eigene Untersuchung von Ex 25,31–40 legt es jedoch nahe, auch den Abschnitt über den Leuchter (V.31. 37a.38.40) zum priesterschriftlichen Grundbestand zu rechnen. In V.31a und 37a liegt mit der Benutzung der P-typischen Form וְעָשִׂיתָ also nicht die „Aufnahme des in dem Rest des Kapitels vorherrschenden Stils vor, um diese Erweiterung an die Ausdrucksweise der vorangehenden Stücke wenigstens teilweise anzupassen".[2] Vielmehr macht die stilistische Übereinstimmung mit dem Kontext die Zugehörigkeit zu P^G nicht weniger wahrscheinlich, als es bei den anderen von V. Fritz hierzu gerechneten Stücken der Fall ist.

1.2.1.4. Redaktionsgeschichte

Der literarkritisch in Ex 25,31–40 herausgearbeitete Grundbestand beschreibt einen einfachen Lampenständer. Das ist insofern überraschend, als bisher angenommen wurde, die Priesterschrift kenne nur die Tradition des siebenarmigen Leuchters. Deshalb muß nun erklärt werden, auf welche Weise der erweiterte Text von Ex 25 entstanden ist. Dazu wenden wir uns den Kapiteln 35–40 zu, von denen im allgemeinen angenommen wird, daß sie Ex 25–31 gegenüber sekundär

---

1 Zu K. Koch sei noch einmal auf die überzeugenden Argumente bei V. Fritz: Tempel und Zelt. S. 114 – 117 verwiesen.

2 V. Fritz: Tempel und Zelt. S. 118.

sind.[1] Wir stoßen hier auf einen Text, der sich mit dem unsrigen nahezu deckt: Ex 37,17–24 berichtet von der Herstellung einer Menora durch den Handwerker Bezaleel. Doch handelt es sich hierbei um einen siebenarmigen Leuchter, dessen Beschreibung über die in Ex 25 P^G gemachten Angaben hinausgeht, und zwar um den Bestand, den ich dort als sekundär ausgeschieden habe. Sollte sich meine Literarkritik doch als falsch erweisen? Ich glaube nicht. Vielmehr wird sie gestützt, wenn wir nun diejenigen Teile der beiden Texte vergleichen, die der Beschreibung der Menora selbst folgen: Ex 25,37–40 und Ex 37,23f.

In Ex 37,23 findet sich das exakte Gegenstück zu der von mir angenommenen Vorlage Ex 25,37a.38, das wie dort die Lampen, Dochtscheren und Pfannen in einem Satz nennt. Die Angabe über die Menge des Goldes wird auch in Ex 37,24 gemacht und könnte also aus Ex 25,29 übernommen sein (wenn sie dort nicht in 3. Person gemacht wäre). Die Berufung auf das dem Mose gezeigte Bild (Ex 25,40) fehlt hier, vermutlich weil der Handwerker sich seinerseits ja nicht auf das Modell, sondern auf die Schilderung des Mose bezieht.

Versucht man nun, die Übereinstimmungen und Differenzen synoptisch nebeneinanderzustellen, ergibt sich folgendes Bild:

1 Diese Annahme findet sich schon bei J. Wellhausen: Die Composition des Hexateuchs und der Historischen Bücher des Alten Testaments. Berlin: (1880) 1899[3]. S. 143 - 149. Vgl. auch V. Fritz. Tempel und Zelt. S. 112.

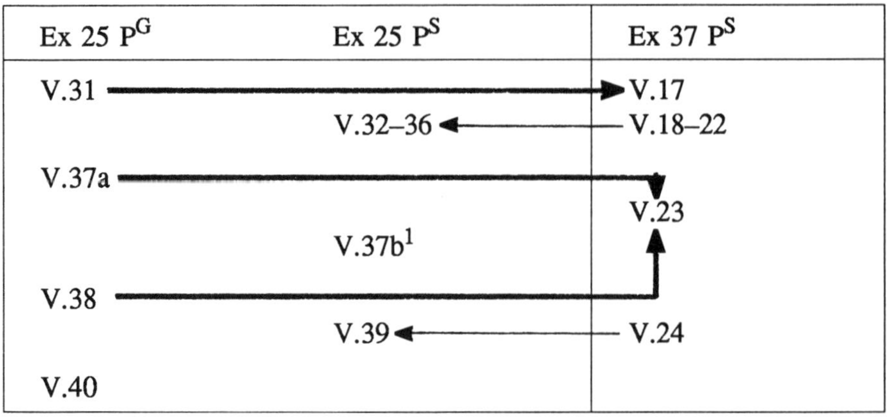

Dadurch wird deutlich, daß nicht nur Ex 25 P^G für das sekundäre Stück Ex 37 als Vorlage gedient hat, sondern daß auch umgekehrt von dort aus Traditionen in Ex 25 eingearbeitet wurden. Unklar bleibt, ob der Autor von Ex 37,17–24 mit dem Bearbeiter von Ex 25,31–40 identisch ist.

1.2.1.5. Formgeschichte

Literarkritik und Redaktionsgeschichte haben deutlich gemacht, daß in Ex 25,31–40 eine erweiterte Einheit vorliegt. Kann nun mit Hilfe der Gattungskritik Näheres über die Vorgeschichte des Grundbestandes ausgesagt werden? Das scheint mir nicht der Fall zu sein. Eines aber steht fest: ein „Ritual“ im Sinne von K. Koch liegt hier nicht vor.[2] Denn von einem „Kurzsatz“ kann bei V.31 wohl nicht die Rede sein. Eine ausführliche Diskussion der Koch'schen These kann also allein aus diesem Grunde unterbleiben. Über die von K. Koch gemachte

1 Zur Herkunft von Ex 25,37b P^G s. u. S. 40 f.

2 S. o. S. 28 f.

Untersuchung hinaus gibt es jedoch keine Anzeichen dafür, daß die einfache oder erweiterte Einheit Ex 25,31–40 im Stil einer festgeprägten Gattung abgefaßt wurde.

1.2.1.6. Historischer Ort

Wir stehen nun vor der Frage, wie die behandelten Texte bzw. Textebenen datiert werden können. Würde es gelingen, die Entstehungsumstände von Ex 25 P^G und Ex 37 P^S näher zu bestimmen, so wüßten wir, in welchem Zeitraum die Tradition vom siebenarmigen Leuchter sich gegenüber der vom einfachen Lampenständer durchgesetzt[1] hat. Doch hierüber lassen sich leider keine sicheren Angaben machen.

Als Entstehungszeit der priesterschriftlichen Grundschicht hat sich die Zeit des babylonischen Exils weitgehend durchgesetzt.[2] Von dieser Datierung gehe auch ich aus.[3] Schwieriger ist die Bestimmung des Entstehungsortes, denn Priester hat es in babylonischer Zeit nicht nur

---

1 Diese Formulierung soll der Tatsache gerecht werden, daß das Alter eines Textes ja nicht identisch mit dem Alter einer Tradition sein muß. So könnte die Tradition des siebenarmigen Leuchters älter als P^G, diesem jedoch unbekannt gewesen sein.

2 Vgl. z. B. K. Elliger: „Sinn und Ursprung der priesterlichen Geschichtserzählung." In: Kleine Schriften zum Alten Testament. Hg. v. H. Gese und O. Kaiser, S. 174 – 198. München: 1952. S. 196 (TB Bd. 32). – Eine genauere Eingrenzung auf den Anfang (so V. Fritz: Tempel und Zelt. S. 157) oder das Ende (so vermutet K. Elliger, a. a. O. S. 198, mit aller Vorsicht) der Exilszeit ist nicht möglich.

3 Anders *C. Meyers*: The *Tabernacle Menorah*: A Synthetic Study of a Symbol from the Biblical Cult. Missoula: 1976. S. 181 f. (American Schools of Oriental Research Dissertation Series Bd. 2), die P bzw. einzelne P-Stücke in mosaische Zeit datiert.

im Exil, sondern nach wie vor auch in Jerusalem/Juda gegeben. Im Anschluß an V. Fritz[1] rechne ich damit, daß P^G in Jerusalem/Juda verfaßt wurde, doch das ist natürlich nur ein Wahrscheinlichkeitsurteil. Die sekundären P-Stücke sind vermutlich in früh-nachexilischer Zeit der Grundschrift beigefügt worden.[2] Die Untersuchung von V. Fritz zeigt, daß P^S den Wiederaufbau des Tempels voraussetzt. Doch auch hier lassen sich keine näheren Angaben machen, zumal P^S ihrerseits keine einheitliche Schicht darstellt.

1.2.1.7. Zusammenfassung

Der in der Exilszeit (möglicherweise in Palästina) verfaßte Text Ex 25,31–40* P^G beschreibt einen einfachen Lampenständer, auf dem oben sieben Lampen aufgestellt werden können. Der Leuchter ist mit Blütenornamenten verziert.

In nachexilischer Zeit wurde der Text erweitert, so daß er nunmehr einen Leuchter schildert, von dessen Schaft sechs ebenfalls verzierte Arme ausgehen. Es ist anzunehmen, daß der von der Grundschicht beschriebene Leuchter in der Tradition des vorexilischen Tempels steht, während Ex 37,17–24 (und der danach ergänzte Text Ex 25,31–40 P^S) vom zweiten Tempel geprägt ist. Das Motiv des siebenarmigen Leuchters ist möglicherweise aus dem Exil nach Jerusalem „importiert“ worden.

---

1 V. Fritz: Tempel und Zelt. S. 157. Vgl. R. Smend: Entstehung. S. 58.

2 Vgl. W. H. Schmidt: Einführung in das Alte Testament. Berlin; New York: (1978) 1982². S. 97.

1.2.2. Weitere priesterschriftliche Texte zur Gestalt der Menora

Bislang wurden bezüglich der Gestalt der Menora erst zwei priesterschriftliche Texte besprochen, Ex 25,31–40 und Ex 37,17–24. Darüber hinaus erfahren wir aus der Priesterschrift nichts wirklich Neues. In manchen, durchgängig sekundären P-Stükken wird der Leuchter als הַמָּאוֹר (מְנֹרָה) bezeichnet[1], dreimal wird die Menora durch טָהוֹר näher beschrieben.[2] Die einzige etwas ausführlichere Schilderung der Menora findet sich in Num 8,4. Es handelt sich bei diesem Text jedoch um eine sekundäre Erweiterung der Priesterschrift auf dem Hintergrund von Ex 25,31.40 P^G.[3] Die Tatsache, daß der Vers nur die von mir angenommene Grundschicht zitiert, macht deutlich, daß er an Num 8,1–3 angehängt wurde, doch bevor ein späterer Bearbeiter den Text Ex 25,31–40 nach dem Bild eines siebenarmigen Leuchters umgestaltete. Die Beschreibung der Menora von Num 8,4 lautet:

> Die Menora war getriebene Arbeit aus Gold – sogar ihr Fuß und ihre Blüte. Nach dem Aussehen, das Jahwe Mose gezeigt hatte, so hatte er die Menora gemacht.

Der Text beschreibt, wie seine Vorlage Ex 25,31.40 P^G, einen einfachen Lampenständer. Von der Vorlage weicht er aber auf zweifache Weise ab. Während dort „ihr Fuß und ihre Röhre, ihre Kelche, ihre Knoten und ihre Blüten“ genannt werden, erwähnt Num

---

1 Diese Stellen sind Ex 27,20; 35,14; 39,37; Lev 24,1–3; Num 4,9.

2 Ex 31,8; 39,37; Lev 24,4; alle P^S. Möglicherweise deuten diese Verse darauf hin, daß auch das זָהָב טָהוֹר in Ex 25,31 als „kultisch reines Gold“ zu verstehen ist.

3 S. u. S. 40 f.

8,4 lediglich Fuß und Blüte, und zwar beide im Singular. Wie sind diese Abweichungen zu erklären?

Literarkritisch waren wir davon ausgegangen, daß der Autor von Num 8,4 nur den Grundbestand von Ex 25,31–40 kannte. Für die Rekonstruktion dieses Leuchters muß daher erwogen werden, ob er nicht tatsächlich nur eine „Blüte“ hatte. In diesem Fall hätte Num 8,4 eine alte Beschreibung erhalten. Erst bei der Bearbeitung von Ex 25 P^G sind dann die Worte גביעה כפתרה ופרחה (jeweils durch Einfügung eines Jod) in den Plural gesetzt worden. Da dieser Vorgang schon relativ früh geschah, hat er sich textkritisch nicht niedergeschlagen. Zu Varianten führte allerdings der vor dem Hintergrund eines siebenarmigen Leuchters schwer verständliche Text Num 8,4. Der samaritanische Pentateuch weicht hier vom Masoretischen Text ab, indem er statt der Singulare Pluralformen bietet: „sogar ihre Füße und sogar ihre Blüten“.[1] Die Variante פרחיה weist deutlich auf den siebenarmigen Leuchter. Der Plural ירכיה läßt vermuten, daß dieser Leuchter mehrere Standfüße hatte.

1.2.3. Aufstellung der Menora nach der Priesterschrift

Die Priesterschrift berichtet an drei Stellen von der Aufstellung der Menora im Zeltheiligtum: in Ex 26,35; Ex 30,26–28 und Ex 40,4.24. Bei den Belegen in Ex 30 und 40 handelt es sich zweifellos um

[1] In beiden Fällen bin ich dem Masoretischen Text gefolgt. Im ersten Fall steht der Samaritanus allein gegen den gewichtigeren Text der Masoreten, im zweiten wird er zwar von Septuaginta (und Vulgata) gestützt, kann sich aber gegen die lectio difficilior der Masoreten nicht durchsetzen.

sekundäre Stücke.[1] Aus Ex 30,26–28 und Ex 40,4 lassen sich keine Erkenntnisse gewinnen, die über die bloße Tatsache der Aufstellung hinausgehen.

Die Beschreibung von Ex 40,24 deckt sich mit der von Ex 26,35, welche im folgenden näher untersucht werden soll. Der Text lautet:

> Und du sollst den Tisch außerhalb des Vorhangs aufstellen und die Menora dem Tisch gegenüber an die Südseite der Wohnung. Den Tisch aber sollst du an die Nordseite der Wohnung setzen.

V. Fritz hält diesen Satz für einen sekundären Zusatz zur Priesterschrift. Er folgert dies aus der Tatsache, daß „in V.35 ... die Anweisung für den Leuchter den Abschnitt Ex 25,31–40" voraussetzt[2], welchen er ja ebenfalls P^S zuschreibt.[3] Nun meine ich durch meine Exegese von Ex 25,31–40 nachgewiesen zu haben, daß dort ein priesterschriftlicher Grundbestand von späteren Erweiterungen zu trennen ist. Damit verliert die Argumentation von V. Fritz ihre Grundlage.

Kann sich aber Ex 26,35 auf einen Abschnitt in P^G beziehen (nämlich Ex 25,31–40), besteht kein Grund mehr, den Vers für sekundär zu halten. Vielmehr ist es unwahrscheinlich, daß P^G die Aufstellung des Leuchters nicht erwähnt haben sollte.

---

1 Vgl. V. Fritz: Tempel und Zelt. S. 112 – 114.

2 A. a. O. S. 120.

3 A. a. O. S. 18.

1.2.4. Funktion der Menora nach der Priesterschrift

An einigen wenigen Stellen berichtet die Priesterschrift von der Funktion der Menora.[1] Ich bespreche diese Texte in drei Gruppen.

1.2.4.1. Betreuung des Leuchters

In Num 3,31a und 4,9f erfahren wir lediglich, daß die Betreuung des Leuchters der Levitengruppe der Kehatiten oblag. D. Kellermann hat nachgewiesen, daß es sich bei beiden Texten um sekundäre Stücke handelt.[2]

1.2.4.2. Aufstellung der Lampen

Von der Aufstellung der Lampen auf die Menora berichtet die Priesterschrift in Ex 25,37b und in Num 8,2–3. Die Exodusstelle wurde bereits als sekundär herausgearbeitet[3], ohne daß bisher die Frage beantwortet werden konnte, nach welcher Vorlage P^S den Vers in P^G eingearbeitet hat. Diese Vorlage finden wir nun in Num 8,1–4. D. Kellermann[4] hat aufgezeigt, daß der Abschnitt insgesamt zu den sekundären P-Stücken gehört und seinerseits nicht literarisch einheitlich ist. Während diese Verse 1–3 zur nachträglichen Einfügung von Ex 25,37b in P^G führten, hatte der mit den vorangehenden Versen nur lose verbundene Vers Num 8,4 seine Vorlage in Ex 25,31.40. Es liegt also

---

1 Diese Stellen sind Ex 25,37b; 27,20f; Lev 24, 1–4; Num 3,31a; 4,9f; 8,2–3.

2 D. Kellermann: Priesterschrift. S. 39 u. 57.

3 S. o. S. 31.

4 A. a. O. S. 111 – 115.

wie zwischen Ex 25 und Ex 37 eine wechselseitige Beeinflussung vor, die ich zur Veranschaulichung wieder graphisch darstelle:

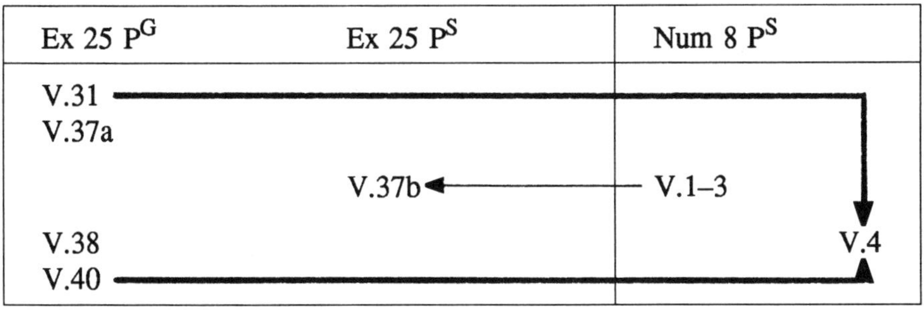

Die Verse Num 8,1–3 lauten:

1 Und Jahwe sprach zu Mose:

2 „Sprich zu Aaron und sage ihm: Wenn du die Lampen aufsetzt – zur Vorderseite der Menora sollen sieben Lampen leuchten."

3 Und Aaron machte es so – zur Vorderseite der Menora hin setzte er ihre Lampen, so wie Jahwe es Mose geboten hatte.

Die Lampen sollen also אֶל־מוּל פְּנֵי הַמְּנוֹרָה aufgestellt werden, d. h. ihre Schnauzen sollen zur Vorderseite der Menora ausgerichtet sein. Es wird dabei vorausgesetzt, daß es sich um einschnäuzige Lampen handelt.

Es wird aus dem Text nicht deutlich, ob sich die Anweisung schon auf den siebenarmigen Leuchter bezieht oder noch auf den einfachen Lampenständer. Das Gegenteil der „Vorderseite" wäre im ersten Fall die „Rückseite", im zweiten Fall die „Innenseite".[1] Da man beim siebenarmigen Leuchter aber kaum von einer Vorder- und einer

1 Was darunter zu verstehen ist, wird im archäologischen Teil der Arbeit deutlich werden. S. u. S. 63.

Rückseite reden kann, scheint mir der Autor des Textes noch von einem einfachen Lampenständer auszugehen.

Anders der Autor von Ex 25,37b, der bekanntlich nur noch den siebenarmigen Leuchter kannte. Für ihn war die Rede von der „Vorderseite“ der Menora nicht mehr verständlich. Deshalb wich er von seiner Vorlage geringfügig ab. Der Sinn seines Textes ist, daß der Handwerker durch das Aufstellen der Lampen die dem Leuchter gegenüberliegende Seite des Raumes[1] beleuchten soll.

1.2.4.3. Brenndauer der Lampen

Von der Brenndauer der Lampen berichten Ex 27,20f und Lev 24,1–4. Die beiden Texte stimmen fast wörtlich überein, und vieles spricht dafür, daß Ex 27,20f die überarbeitete Fassung ist:

- Die Anweisung über die Unterhaltung des Leuchters ist im Kontext von Ex 27 (Herstellung der Tempelgeräte) deutlich sekundär.[2]
- Der Text Ex 27,20f ist gegenüber der Vorlage dadurch gefälliger gestaltet, daß באהל מועד an den Satzanfang gerückt und das umständlich nachklappende תמיד (Lev 24,3) nicht übernommen wurde.
- Die Anweisung wurde in Ex 27 auf die Söhne (= Nachfahren) Aarons ausgedehnt.

Als Vorlage ist daher Lev 24,1–4 näher zu untersuchen. Der Text lautet:

---

1 Das ist die Seite des Schaubrottisches.

2 Vgl. M. Noth: Exodus. S. 177.

1 Und Jahwe redete zu Mose:
2 Gebiete den Israeliten, daß sie dir reines Öl aus gestoßenen Oliven für den Leuchter bringen, um eine beständige Lampe aufzustellen.
3 Außerhalb des Vorhanges (vor) dem Gesetz, im Zeltheiligtum, soll Aaron[1] ihn herrichten vom Abend bis zum Morgen – beständig vor Jahwe. Ewige Verordnung für alle eure Generationen.
4 Auf der reinen Menora soll er die Lampen herrichten, beständig vor Jahwe.[2]

Die ersten drei Verse des Textes bilden eine literarische Einheit. Ihre Stellung im Kontext verdeutlicht jedoch, daß es sich auch dabei um ein sekundäres Stück handelt.[3] Der Gebrauch des Wortes מאור deutet in die gleiche Richtung. Die Nachricht über die in der Nacht brennende Lampe spiegelt vermutlich also die Zustände aus der Zeit des zweiten Tempels wider.

[1] Viele Handschriften des Masoretischen Textes sowie Samaritanus und Septuaginta fügen hier in Anlehnung an Ex 27,21 ובניו ein.

[2] Vers 4 fehlt im Text der Kairoer Geniza, wodurch der Verdacht bestätigt wird, daß er erst sekundär an V.1–3 angehängt wurde. Vgl. *M. Noth*: Das dritte Buch Mose: *Leviticus*. Göttingen: 1962. S. 154 (ATD 6).

[3] Vgl. ebd.

1.3. Sacharja

Neben Ex 25,31–40 P^G gibt es eine zweite wichtige Quelle zur Rekonstruktion des Tempelleuchters der Zeit vor dem zweiten Tempel: eine Vision des Propheten Sacharja (Sach 4,1–6aα.10b-14). Der Text erhebt zwar nicht den Anspruch, eine bestimmte Menora zu beschreiben, doch liegt es nahe, daß hier der Tempelleuchter gemeint ist.

1.3.1. Übersetzung

1 Und der Engel, der mit mir redete, kehrte zurück und weckte mich wie einen, der aus dem Schlaf geweckt wird.

2 Und er sprach zu mir: „Was siehst du?"
Da antwortete ich: „Ich sehe eine Menora ganz aus Gold und eine Gulla oben darauf und ihre sieben Lampen an ihr. Und je[1] sieben Schnauzen haben die Lampen, die oben darauf (stehen).

3 Und zwei Ölbäume neben ihr, einer rechts der Gulla und einer links von ihr."

4 Und ich antwortete und sprach zu dem Engel, der mit mir redete: „Was bedeuten diese Dinge, mein Herr?"

5 Da antwortete der Engel, der mit mir redete, und sagte: „Weißt du nicht, was diese Dinge bedeuten?"
Ich aber sagte: „Nein, mein Herr."

6 Und er antwortete und sprach zu mir:

10 „Diese sieben sind die Augen Jahwes, die über die ganze Erde schweifen."

---

[1] Vgl. C. Brockelmann: Hebräische Syntax. Neukirchen: 1956. § 129.

11 Da antwortete ich und sprach zu ihm: „Was bedeuten diese zwei Ölbäume zur rechten Seite der Menora und zu ihrer Linken?
12 Wer [sind] die beiden Olivenbaumähren, die in der Hand [in der Gewalt, im Einflußbereich] der beiden goldenen Röhren [sind], die von sich aus das Gold entleeren?"[1]
13 Er sprach zu mir: „Weißt du nicht, was diese bedeuten?"
Und ich sagte: „Nein, mein Herr."
14 Er aber sagte: „Diese beiden sind die Söhne des Öls, die vor dem Herrn der ganzen Welt stehen."

1.3.2. Textkritik

Ein erster Blick in die textkritischen Apparate von BHK und BHS läßt einen schlecht überlieferten Text vermuten. Doch handelt es sich bei den Angaben der Apparate weniger um Textvarianten als um freie Konjekturen der Herausgeber, die hier nicht berücksichtigt werden.

In zwei Fällen scheint es mir allerdings gerechtfertigt, in den Masoretischen Text einzugreifen: Das Wort ויאמר in V.2b ist offensichtlich ein Schreibfehler, das י wurde fälschlich in Anlehnung an den Versanfang eingefügt. Dieses Versehen bemerkten bereits die Masoreten, die ohne Berücksichtigung des Jod וַיאֹמַר punktierten und den richtigen Konsonantenbestand ואמר als Qere angaben. Diese Lesart wird von vielen Handschriften und Versionen gestützt. Auch וְגֻלָּהּ ist wohl ein einfacher Flüchtigkeitsfehler (diesmal jedoch der Masoreten). Der Mapiq-Punkt im He ist vermutlich vom vorangehenden

[1] Ich zitiere für Vers 12 die Übersetzung von *O. Keel*: *Jahwe-Visionen* und Siegelkunst: Eine neue Deutung der Majestätsschilderungen in Jes 6, Ez 1 und 10 und Sach 4. Stuttgart: 1977. S. 307 (SBS 84/85).

oder nachfolgenden Wort beeinflußt. Hier ist mit zahlreichen Handschriften und Übersetzungen וְ גֻלָּה zu lesen.[1]

1.3.3. Literarkritik

Auch literarkritisch sind zwei Anmerkungen zu machen.

Die erste bezieht sich auf die Verse 6bβ–10a, die den Zusammenhang der Leuchtervision stören und die seit J. Wellhausen[2] fast ausnahmslos als redaktioneller Einschub bewertet werden. Ich lasse diesen Abschnitt unberücksichtigt.

Als zweites muß etwas zu V.12 gesagt werden. In der Form des Masoretischen Textes ist er nur schwer zu übersetzen.[3] Nur soviel läßt sich mit Sicherheit sagen: Der Vers enthält eine weitere Frage des Propheten zu den Ölbäumen, die sich scheinbar nicht in der Frageintention, sondern lediglich in der Beschreibung des geschauten Bildes von V.11 unterscheidet. Die in V.14 gegebene Antwort jedoch ist allein aus V.11 durchaus verständlich. So liegt es nahe, auch in V.12 einen späteren Einschub zu sehen.[4] Unsere Überlegungen zur Gestalt der von Sacharja beschriebenen Menora müssen sich daher zunächst auf die

---

1 Die Form וְ גֻלָּה gibt auch grammatisch keinen Sinn: das suffigierte feminine Wort müßte וְ גֻלָּתָהּ heißen.

2 *J. Wellhausen*: *Die kleinen Propheten* übersetzt und erklärt. Berlin: (1892) 1963⁴. S. 182. Vgl. auch *H. Gese*: „Anfang und Ende der *Apokalyptik*: Dargestellt am Sacharjabuch.“ In: Ders.: Vom Sinai zum Zion: Alttestamentliche Beiträge zur biblischen Theologie. S. 202 – 238. München: 1974. S. 210 (BEvTh Bd. 64).

3 Dies wird besonders deutlich, wenn man die in der Literatur gegebenen Übersetzungsversuche miteinander vergleicht!

4 So zuletzt H. Gese: Apokalyptik. S. 210 Anm. 39.

Verse 2 und 3 beziehen. Wenn dann in einem zweiten Schritt die Erweiterung V.12 erörtert werden sollte, dürfte nicht erwartet werden, daß die dort gemachten Angaben zusammen mit V.2.3 ein geschlossenes Bild ergeben.[1] Ich schließe mich in der Deutung von V.12 allerdings O. Keel an, der plausibel gemacht hat, daß man den Vers nicht archäologisch auswerten, sondern ‚nur' theologisch interpretieren darf.[2]

1.3.4. Historischer Ort

Da in dieser Arbeit nicht über den geschichtlichen und theologischen Hintergrund der Vision zu handeln ist, sondern uns hier nur die Beschreibung der Menora interessiert, erübrigt es sich, auf die Nachtgesichte Sacharjas als ganzes einzugehen. Auch die hiermit verbundenen Datierungsprobleme sind in unserem Zusammenhang nicht von Interesse. Für uns reicht die Feststellung, daß die Leuchtervision spätestens ins Jahr 519 zu datieren ist[3], also noch vor die Einweihung des zweiten Tempels im Jahr 515 v. Chr. Bei dem von Sacharja beschriebenen Leuchter handelt es sich also vermutlich um die Menora des vorexilischen Tempels.

---

1 Diese Tatsache scheint mir in der Literatur zu wenig berücksichtigt worden zu sein.

2 O. Keel: Jahwe-Visionen. S. 307 – 311.

3 Vgl. W. Rudolph: Haggai; Sacharja 1–8; Sacharja 9–14; Maleachi. Gütersloh: 1976. S. 61 (KAT. NF Bd. 13, 4).

1.4. Begriffsexegese

Bei der Besprechung der Texte aus dem deuteronomistischen Geschichtswerk, der Priesterschrift und dem Sacharjabuch habe ich bislang eine Untersuchung der zur Beschreibung des Leuchters verwendeten Begriffe ausgeklammert, da einige Begriffe in mehreren Texten benutzt werden. Dies soll nun nachgeholt werden, denn durch die Begriffsexegese erhalten wir gewissermaßen den ‚Steckbrief‘ dessen, wonach wir im zweiten Teil der Arbeit zu suchen haben.

1.4.1. מְנֹרָה und נֵר

Die Begriffe מְנֹרָה und נֵר sind Nominalformen der Wurzel ניר/נור. Parallel zum akkadischen nūru ist mit der Grundbedeutung „leuchten“ zu rechnen.[1] Die Nominalformen bezeichnen dementsprechend „etwas, das leuchtet“ bzw. „etwas, das mit dem Leuchten in Zusammenhang steht“.

1.4.1.1. נֵר

Das Wort נֵר bezeichnet die „Leuchte“, die „Lampe“, also ein mit Öl gefülltes und mit einem Docht versehenes Gefäß, das in der Regel aus Ton hergestellt wird. Das Wort bezieht sich nicht nur auf Lampen im sakralen Gebrauch, sondern auch auf Öllampen des Haushalts.[2] Die Form der Öllampen hat sich im Laufe der Antike verändert, so daß die

---

1 Vgl. C. Meyers: Tabernacle Menorah. S. 18.

2 Vgl. z. B. Jer 25,10; Zeph 1,12; Hi 21,17 u. ö.

Keramiktypologie der Lampen heute ein recht zuverlässiges Hilfsmittel zur Datierung archäologischer Befunde darstellt.[1]

1.4.1.2. מְנֹרָה

Etymologisch wäre für מְנֹרָה die gleiche Bedeutung zu erwarten wie für נֵר. Aus den oben behandelten Bibelstellen geht hervor, daß מְנֹרָה einen Gegenstand bezeichnet, auf den Lampen aufgesetzt werden können. Es handelt sich also um einen Lampenständer oder Lampenhalter.[2]

1.4.2. מָאוֹר

In der gleichen Bedeutung wie מְנֹרָה (und teilweise mit diesem Wort verbunden) wird in einigen Texten das Wort מָאוֹר verwendet. Es ist von der Wurzel אור „leuchten" abgeleitet[3] und kann neben der oben angegebenen Bedeutung auch Sonne und Mond als „Himmelsleuchten"[4] oder das Leuchten von Augen und Antlitz[5] bezeichnen.

---

1 S. u. S. 42 f.

2 Vgl. C. Meyers: Art. „מְנוֹרָה mᵉnorāh." In *ThWAT Bd. 4*. Sp. 981 – 987.

3 Vgl. W. Gesenius: Hebräisches und Aramäisches Handwörterbuch über das Alte Testament. Bd. 1. Berlin; Heidelberg: 1987[18]. S. 26 (= *Gesenius* [18]).

4 Gen 1,14–16; Ps 74,16; 136,7.

5 Prov 15,30; Ps 90,8.

1.4.3. קָנֶה

Der Begriff קָנֶה[1] bezeichnet in seiner Grundbedeutung das Schilfrohr, besonders das „Persische Schilfrohr“ (arnudo donax).[2] Davon abgeleitet, kann sich die Bedeutung auf andere röhrenförmige Gegenstände ausdehnen: das Meßrohr (Ez 40,5–8), die Oberarmknochen (Hi 31,72), das Würzrohr (Jes 43,24) usw.[3] In unserem Zusammenhang begegnete das Wort nur in Ex 25,31–40 und Ex 37,17–24. Während es in Ex 25,31 P^G einen der Hauptbestandteile der Menora (den „Schaft“) bezeichnet, unterscheiden die späteren Schichten zwischen der Menora (dem Schaft) und den sechs von ihr ausgehenden „Röhren“ (= Armen).

1.4.4. יָרֵךְ

Das Wort יָרֵךְ taucht in unserem Zusammenhang nur einmal auf, nämlich in der Phrase יְרֵכָהּ וְקָנָהּ (Ex 25,31), die ich als „ihr Fuß und ihre Röhre“ übersetzt hatte. Das Wort ‚Fuß‘ kann allerdings kaum mehr sein als eine Verlegenheitslösung, denn die genaue Bedeutung kann nicht mit Sicherheit bestimmt werden. In den biblischen Texten bezeichnet ירך zumeist einen Körperteil, den „fleischigen Teil der Oberschenkel“[4]. Am treffendsten gibt vermutlich der Ausdruck „Keule“ das Gemeinte wieder.

---

1 Ugaritisch qn(m), akkadisch qanū, griechisch καννα, lateinisch canna, englisch cane.

2 Vgl. C. Meyers: Tabernacle Menorah. S. 19 – 20.

3 Vgl. HAL^3 Bd. 3. S. 1039 – 1040.

4 So HAL^3 Bd. 3. S. 419.

Von dieser Grundbedeutung ausgehend, kann das Wort auch die „Seite“ des Zeltheiligtums oder des Altars bezeichnen – eine Deutungsmöglichkeit für Ex 25,31 erschließt sich von dort jedoch nicht.

In der Literatur werden nach meiner Einschätzung drei Lösungen angeboten. Das Gesenius'sche Wörterbuch[1] schlägt die Übersetzung „Schaft“ vor und befindet sich damit in Einklang mit der Septuaginta, die das Wort mit καυλος übersetzt.

M. Noth erwägt, das Wort in den Plural zu setzen.[2] So könnte „mit den ‚Schenkeln‘ ein Dreifuß oder Vierfuß gemeint sein als Standvorrichtung, die erforderlich ist, aber sonst gar nicht erwähnt wäre.“[3] Solche Standfüße als ‚Schenkel‘ zu bezeichnen, liegt in der Tat nahe. Es ist allerdings zu bemerken, daß יָרֵךְ vermutlich nicht den Schenkel als solchen, sondern in erster Linie dessen Verdickung bezeichnet.

Deshalb scheint mir die dritte, von C. Meyers[4] vorgeschlagene Lösung am wahrscheinlichsten zu sein, unter יָרֵךְ sei das verdickte Unterteil der קָנֶה zu verstehen. Der Durchmesser der Röhre nimmt am unteren Ende etwas zu, wodurch eine Art Standfuß entsteht. Auf diese Weise ist die Menora schenkel- bzw. keulenförmig.

---

1 W. Gesenius und F. Buhl: Hebräisches und aramäisches Handwörterbuch über das Alte Testament. Berlin; Göttingen; Heidelberg (1915^{17}). Nachdruck 1962. S. 319 (= *Gesenius* ^{17}).

2 Vgl. den Samaritanischen Pentateuch.

3 M. Noth: Exodus. S. 169.

4 C. Meyers: Tabernacle Menorah. S. 20 – 22.

1.4.5. גְּבִיעַ

Die Grundbedeutung von גְּבִיעַ ist „Becher", sie ist in Gen 44,2 und Jer 35,5 belegt. Diese Bedeutung läßt sich vom ugaritischen qb t, dem akkadischen qabutu oder dem ägyptischen qbhw ableiten.[1] Ob das Wort, in die „botanische Fachsprache" übertragen, auch den „Blütenkelch" bezeichnen kann[2], muß zunächst offenbleiben, denn über Ex 25 und 37 hinaus gibt es darauf keine Hinweise.

1.4.6. מְשֻׁקָּדִים

„Die Kelche werden durch einen Fachausdruck charakterisiert, den man mit ‚mandelblütenförmig' wiederzugeben pflegt, dessen Übersetzung jedoch sehr zweifelhaft ist."[3]

Die gebräuchliche Übersetzung ist von dem hebräischen Ausdruck שָׁקֵד = Mandel(-baum) abgeleitet. Dabei handelt es sich nach Gesenius-Buhl[4] um ein denominiertes Pu'al-Partizip.

Einen anderen Vorschlag macht M. Görg, der es für möglich hält, daß msqd von Haus aus eine ägyptische Nominalbildung der Basis sqd (Kausativum von qd „bilden", „formen") darstellt und nichts anderes

---

1 Vgl. M. Görg: Dekoration. S. 25.

2 M. Görg: ebd. So auch Gesenius^{18}. S. 194 und C. Meyers: Tabernacle Menorah. S. 22 – 24.

3 M. Noth: Exodus. S. 169. Ähnlich zurückhaltend: M. Görg: Tempel und Zelt. S. 160.

4 Gesenius^{17}. S. 860. Vgl. A. Dillmann und V. Ryosel: Die Bücher Exodus und Leviticus. Leipzig: (1880) 1897^{3}. S. 317 (KEH Bd. 12).

als die „geformte Gestalt“ o. ä. meint.[1] Diese Deutung erhält durch die griechische Übersetzung prominente Unterstützung: diese gibt מְשֻׁקָּדִים mit εκτετυπωμενοι wieder. Das Verb εκτυποω benutzt die Septuaginta stets in Zusammenhang mit Goldarbeiten. In Ex 28,36, Ex 39,30[2] und Sir 45,12 bezeichnet es eine Gravur, in II Reg 6,35 den Goldblechüberzug der Türschnitzereien im Tempel. Es scheint mir daher angebracht, für das Wort מְשֻׁקָּדִים eine hebräische Wurzel שקד mit der Bedeutung „(als Relief) herausarbeiten“ anzunehmen.

1.4.7. פֶּרַח

Der Begriff פֶּרַח weist unzweideutig in botanischen Zusammenhang. Die Wurzel פרח bedeutet „sprossen“, „blühen“, und alle biblischen Belege, die nicht die Menora beschreiben, verwenden das Nomen in der Bedeutung von „Vegetation“ (Nah 1,4; Sir 50,8) oder „Blüte“ (Num 17,23; Jes 18,5). Das Ägyptische bietet hier in prh = Blüte eine exakte Parallele.[3] Für eine nähere Eingrenzung auf Lilien- oder Lotusblüten[4] gibt es jedoch keine Anhaltspunkte.

---

1 M. Görg: Dekoration. S. 26.

2 Nach der Zählung der LXX Ex 28,32 und Ex 39,36.

3 Vgl. M. Görg: Dekoration. S. 25.

4 So C. Meyers: Tabernacle Menorah. S. 25.

1.4.8. כַּפְתֹּר

Mit כַּפְתֹּר wird in Am 9,1 und Zeph 2,14 ein Architekturelement bezeichnet, das häufig als „Säulenkapitell" gedeutet wird.[1] Eine solche Übersetzung ist meines Erachtens unzutreffend, denn in beiden Fällen wird das Wort in Zusammenhang mit der Schwelle (סַף) genannt, so daß die Bedeutung „Unterteil", „Basis" wahrscheinlicher ist.

Neben dieser architektonischen Bedeutung kann möglicherweise mit einer Übertragung in die botanische Sprache gerechnet werden. Hier wurden zwei Möglichkeiten erwogen.

Die erste ist die Deutung von כַּפְתֹּר als Frucht.[2] In Anlehnung an das akkadische Wort kaptaru wird an eine Baumfrucht gedacht. Das entspricht der Beschreibung des Leuchters durch Josephus, nach der die Menora mit Granatäpfeln verziert war.[3]

Neben dieser Ableitung aus dem Akkadischen ist auch auf eine interessante ägyptische Parallele hinzuweisen. M. Görg[4] hat darauf aufmerksam gemacht, daß die ägyptische Genitivverbindung kf3-twr/trj einen Pflanzenteil bezeichnet. Ist nämlich twr/trj der „Pflanzenstengel", so meint kf3 „jenen Teil der Pflanze, der sich unmittelbar unterhalb des Blumenkelches befindet", den „Kelchuntersatz"[5] oder „Knoten".

---

1 Vgl. HAL. Bd. 2. S. 472; Gesenius^{17}. S. 260; C. Meyers: Tabernacle Menorah. S. 24.

2 So HAL^{3}. Bd. 2. S. 472; Gesenius^{17}. S. 361.

3 Ant III 6,7.

4 M. Görg: Dekoration. S. 27 f.

5 A. a. O. S. 28.

1.4.9. גֻּלָּה

Bei der Erklärung des Wortes גֻּלָּה (Sach 4,3) hat sich in der Literatur die Deutung K. Möhlenbrinks[1] durchgesetzt. Dieser versteht die גֻּלָּה als schalenförmigen Aufsatz der Menora, auf dessen Rand die Lampen angebracht sind. Er kann sich bei dieser Erklärung auf das akkadische gallatu = „Schale" berufen[2], dessen zweite Bedeutung „Säulenwulst"[3] er aber meiner Meinung nach nicht zutreffend auswertet. Zwar gesteht K. Möhlenbrink ein, daß גֻּלָּה sprachlich die „schüsselförmige Verbreiterung des oberen Endes eines Lampenständers" bezeichnen könnte[4], hält dem als sachliches Argument jedoch entgegen, daß eine Nennung der גֻּלָּה nur Sinn gibt, wenn diese nicht fest mit der Menora verbunden ist. Doch dieses Argument ist keineswegs überzeugend. Sach 4,3 zeigt ja gerade, daß die Nennung der גֻּלָּה notwendig ist, weil sich die Bäume neben ihr (und nicht neben der ganzen Menora) befinden.

Allein aufgrund des Textes läßt sich also keine definitive Aussage darüber machen, ob die גֻּלָּה ein Bestandteil oder ein Aufsatz der Menora ist. Die Wortbedeutung גֻּלָּה = „Säulenwulst" macht ersteres allerdings wahrscheinlicher.

---

1 *K. Möhlenbrink*: „Der *Leuchter* im 5. Nachtgesicht des Propheten Sacharja." ZDPV 52 (1929): S. 257 – 286. Vgl. hierzu besonders S. 276 – 282.

2 Inzwischen hat sich im ugaritischen GL = „rundes Gefäß" eine weitere Parallele ergeben. Vgl. Gesenius[18]. S. 217.

3 Vgl. I Reg 7,41ff par. 2. Chr. 4,12f.

4 K. Möhlenbrink: Leuchter. S. 278.

1.4.10. מוּצָקוֹת

Auch für die Erklärung der מוּצָקוֹת (Sach 4,2) ist die Deutung K. Möhlenbrinks[1] als wegweisend zu bezeichnen. Hatte das Gesenius-Buhl'sche Wörterbuch von מוּצָקוֹת noch auf ein von der Wurzel יצק abgeleitetes feminines Nomen מוּצָקָה = „Gießgefäß" geschlossen[2], leitet K. Möhlenbrink das gleiche Nomen von der Wurzel צוק ab. Danach handelt es sich bei den מוּצָקוֹת um „Verengungen", das sind die durch Eindrücken des Lampenrandes entstandenen Tüllen zur Aufnahme der Dochte, die Lampenschnauzen.

1.4.11. זָהָב טָהוֹר

Das Material des Leuchters wird in der Priesterschrift als זָהָב טָהוֹר angegeben. Es handelt sich dabei um ein besondere Qualität aufweisendes Gold. Das Adjektiv טָהוֹר kann sowohl auf eine besondere Verarbeitung des Goldes (frei von Verunreinigungen) als auch auf dessen kultische Reinheit bezogen werden. Vermutlich geht beides einher: Das Gold wird durch ein besonderes Schmelzverfahren von Verunreinigungen befreit und kann daher auch im Kult Verwendung finden.[3]

---

1 A. a. O. S. 285.

2 Gesenius[17]. S. 407. J. Wellhausen: Die kleinen Propheten. S. 182 übersetzt „Röhre".

3 Vgl. Mal 3,2f und C. Meyers: Tabernacle Menorah. S. 27 – 31.

1.4.12. מִקְשָׁה

Durch מִקְשָׁה wird offenbar die Art der Goldverarbeitung angegeben. Das Wort wird nur in der Priesterschrift verwendet, und zwar in Zusammenhang mit den Cherubim (Ex 25,18 par. 37,7), dem Leuchter (Ex 25,31.36 par. 37,17.22; Num 8,4) und den silbernen Trompeten (Num 10,2) der Exodusgemeinde.[1] Seine Bedeutung kann nicht näher geklärt werden.[2] Meiner Übersetzung liegt der Septuaginta-Text zugrunde, der מִקְשָׁה mit πορεύω wiedergibt.

---

1 Das Wort מִקְשָׁה, das in Jer 10,5 und Jes 1,8 benutzt wird (in der Regel übersetzt mit „Gurkenfeld"), ist von dem in der Priesterschrift verwendeten Ausdruck zu unterscheiden.

2 Vgl. C. Meyers: ThWAT Bd. 4. Sp. 984.

2. Auswertung der schriftlichen Quellen im Kontext vorderorientalischer Archäologie

Im ersten Teil dieser Arbeit habe ich die schriftlichen Quellen jeweils nur in textkritischer und literarkritischer Hinsicht untersucht. Durch die Literarkritik wurden verschiedene Texte und Textebenen zueinander in Beziehung gesetzt (relative Chronologie) und an einigen Stellen eine Datierung versucht (absolute Chronologie). Der eigentliche Inhalt der Texte, deren Aussagen über Gestalt und Funktion der Menora, wurden in diesem Teil weitestgehend ausgeklammert. Eines allerdings wurde schon deutlich: Das Äußere der Menora hat in der Geschichte des israelitisch-jüdischen Kultes eine entscheidende Umgestaltung erfahren. Während die Israeliten in vorexilischer (und exilischer) Zeit nur einen einfachen Lampenständer kannten, benutzte die nachexilische Kultgemeinde des zweiten Jerusalemer Tempels einen siebenarmigen Leuchter. Entsprechend sollen die beiden Stadien auch in diesem zweiten Teil der Arbeit einzeln vor dem Hintergrund der vorderorientalischen Archäologie betrachtet werden.

2.1. Einfacher Lampenständer

2.1.1. Lampen

Die Begriffsexegese hat ergeben, daß es sich bei der מְנוֹרָה um einen Lampenständer handelt, daß man also zwischen der מְנוֹרָה und den נֵרֹת unterscheiden muß.

Der Befund an Lampen ist unüberschaubar groß. Lampen gab es zu jeder Zeit und allerorten. Sie waren meist aus billigem Material (Ton) hergestellt, leicht zerbrechlich und ebenso leicht wieder zu ersetzen. Die Grundform der Lampe ist über Jahrhunderte die gleiche geblieben: Der Rand einer flachen Tonschale ist an einer Stelle derart zusammengekniffen, daß eine Tülle (Schnauze) entsteht, in welche der Docht eingelegt werden kann (Abb. 1). Diese Einkniffung nahm im Laufe der Zeit immer mehr zu, bis sich schließlich die beiden gegenüberliegenden Ränder der Schale berührten. Auf diese Weise entstand der Lampentyp mit einem (größeren) Einfülloch für das Öl und einer (kleineren) Öffnung für den Docht (Abb. 2 und 27). Neben diesen Lampen mit einer Tülle hat es spätestens seit der MB auch mehrschnäuzige Exemplare gegeben[1], die die Leuchtkraft mehrerer Lampen in einem Gerät vereinten (Abb. 3). So war von FB III bis MB I die vierschnäuzige Lampe weit verbreitet, und in E II fanden neben zwei- und achtschnäuzigen Lampen besonders solche mit sieben Tüllen Verwendung.[2] In der E II C-Zeit erhielten die Lampen zur Erhöhung der Standfestigkeit häufig einen Standring. Dieser wurde mitunter röhrenförmig in die Höhe gezogen, so daß der Lichtwinkel der Lampe erheblich verbessert werden konnte (Abb. 4).

---

1 Vgl. *R. North*: „Zechariah's Seven-Spout *Lampstand*." Bib. 51 (1970): S. 183 – 206.

2 Vgl. H. Weippert: Art. „Lampe". In: BRL^2. S. 198 – 201.

2.1.2. (Lampen-)Ständer

Neben den zuletzt genannten Lampen mit hohem Standfuß gibt es auch die Möglichkeit, den Lichtwinkel dadurch zu verbessern, daß man eine oder mehrere Lampen auf einen Ständer (Leuchter) stellt.[1] Diese Lampenständer sind nicht einheitlich gestaltet gewesen, sondern verschiedene Typen waren gleichzeitig oder nacheinander im Gebrauch. Wir können bei der Sichtung des archäologischen Materials daher nicht erwarten, „dem" palästinensischen Lampenständer zu begegnen und diesen womöglich mit dem Leuchter des Jerusalemer Tempels identifizieren zu können.

Eine weitere Schwierigkeit ergibt sich daraus, daß die Lampen nur selten fest mit dem Leuchter verbunden waren. Dadurch ist es in der Regel nicht möglich, einen Ständer eindeutig als Leuchter zu klassifizieren. Ebenfalls ist nicht auszuschließen, daß ein Ständertyp für mehrere Zwecke verwendet wurde.

Im folgenden gebe ich einen kurzen Überblick über den archäologischen Befund, indem ich parallele Strukturen zu Typen zusammengefaßt darstelle.

2.1.2.1. Typ A

In Bet-Schean (Abb. 5) und Megiddo (Abb. 6) wurden Teile von Bronzeständern gefunden, die anhand vorderorientalischer Abbildungen (Abb. 7 – 9) mit großer Wahrscheinlichkeit als Leuchter klassifiziert werden können. Leuchter dieses Typs bestehen aus Metallstäben

---

1 Vgl. Mt 5,15.

(Schaft, Standfüße, Standring), die eine Schale zum Aufstellen der Lampe(n) tragen. Sie sind nur in der Eisenzeit belegt.

2.1.2.2. Typ B

Als zweiter Typ seien die als Leuchter verwendeten Tonröhren genannt. Solche Röhren wurden zu unterschiedlichen Zwecken benutzt: Durch Aufstellen einer Schale konnten sie als „Räucherständer"[1] oder Leuchter verwendet werden. Mitunter war die Schale fest mit der Röhre verbunden (Abb. 10 und 11[2]), meist wird sie nur lose aufgesetzt oder durch einen Zapfen befestigt gewesen sein (Abb. 13 und 14[3]). Die unterschiedlichen Verwendungsmöglichkeiten der Tonröhren machen eine Klassifizierung im Einzelfall sehr schwer. Ständer dieses Typs fanden ausschließlich in der Eisenzeit Verwendung.

2.1.2.3. Typ C

Einen eigenen Typus bilden die beiden in Tell Bet Mirsim (Abb. 16) und Tell en-Nasbe (Abb. 17) gefundenen Lampenhalter. Sie bestehen aus einer sich am oberen Ende verzweigenden Tonsäule, auf die eine Öllampe aufgestellt werden kann. Beide Exemplare stammen aus dem

---

1 Der Name „Räucherständer" hat sich für die Tonröhren allgemein durchgesetzt, unabhängig davon, wie diese wirklich genutzt wurden. Vgl. W. Zwickel: Räucherkult und Räuchergeräte: Exegetische und archäologische Studien zum Räucheropfer im Alten Testament. Fribourg und Göttingen: 1990 (OBO Bd. 97).

2 Ähnliche Form hatte vermutlich der Ständer aus Gezer: Abb. 12.

3 Vgl. den bronzenen Räucherständer Abb. 15.

8./7. Jahrhundert. Nach R. H. Smith[1] handelt es sich bei ihnen um die „small, household version“[2] der Ständer des Typs B

2.1.2.4. Typ D

Ebenfalls von Typ B abgeleitet ist vermutlich das schöne Stück aus Megiddo (Abb. 18). Das Gefäß besteht aus einer Schale und einem Standfuß, welcher mit Blattkränzen verziert ist. Beide Teile sind massiv aus Stein gearbeitet und farbig bemalt.

2.1.3. Befestigung der Lampen

Bei allen unter 2.1.2. genannten Ständertypen wurden die Lampen oben aufgestellt, bei Typ A und Typ C eine einzige Lampe, bei Typ B und Typ D vermutlich mehrere. Für die Befestigung der Lampen auf den Ständern der Typen B und D gab es zwei Möglichkeiten.[3]

Die erste ist, die Lampen direkt auf den Rand der Schale aufzustellen oder an diesem zu befestigen (Abb. 19). Zum Aufstellen der Lampen muß der Schalenrand entsprechend breit sein.

Die zweite Möglichkeit besteht darin, die Lampen auf einem Tonring zu befestigen, der in den Rand der Schale eingesetzt werden kann (Abb. 20). Auf diese Weise fanden vermutlich auch die sogenannten „Kernoi“

---

1 R. H. Smith: „The Household Lamps of Palestine in Old Testament Times.“ BA 27 (1964): S. 1 – 31.

2 A. a. O. S. 24.

3 Vgl. K. Möhlenbrink: Leuchter. S. 278 – 281.

Verwendung, röhrenförmige Tonringe mit aufgesetzten Lampen (Abb. 21).

2.1.4. Rekonstruktion

Als schriftliche Quellen für die Rekonstruktion des (bzw. der) Leuchter aus der Zeit vor dem zweiten Tempel haben sich drei Texte ausgewiesen:

- aus vorexilischer Zeit I Reg 7, 48f,
- aus der Exilszeit Ex 25,31–40 P^G [1] und
- aus frühnachexilischer Zeit Sach 4,1–14*.

Die Texte schildern die Menora auf unterschiedliche Weise, der Sacharjatext erhebt dabei nicht einmal den Anspruch, einen bestimmten Leuchter zu beschreiben. Deshalb muß die Rekonstruktion versuchen, jedem dieser Texte für sich gerecht zu werden, ohne die Grenzen zwischen ihnen vorschnell zu verwischen. Andererseits dürfen wir nicht vergessen, daß die Menora ein Kultgerät ist. Sie ist sicher nicht in der Weise Modeschwankungen ausgesetzt gewesen wie Leuchter im prophanen Gebrauch. Ich möchte daher – mit aller gebotenen Vorsicht – die Möglichkeit in Betracht ziehen, daß die in den genannten Texten beschriebenen Menorot miteinander identisch sind.

Da die Forschung bezüglich Ex 25,31–40 von anderen literarkritischen Voraussetzungen ausgeht als ich, richtete sich das Augenmerk bislang

---

1 Hierin besteht der entscheidende Unterschied zu anderen Untersuchungen.

in erster Linie auf den Sacharjatext.[1] Hierzu liegen zwei namhafte Rekonstruktionen vor.

Die erste Untersuchung stammt von K. Möhlenbrink. Seiner Ansicht nach besteht der Leuchter des Sacharja aus folgenden Hauptteilen: „einer menora, d. h. einem Lampenständer, der gulla, d. h. einem Aufsatz auf den Lampenständer, der die eigentlichen Lampen trägt, und den sieben Lampen selbst. Wahrscheinlich handelt es sich um siebenschnäuzige Lampen.“[2] Zu dem gleichen Ergebnis kommt K. Galling, der eine Rekonstruktionszeichnung veröffentlicht hat, welcher vor allem die Gefäße aus Megiddo (Abb. 18) und Gezer (Abb. 12) zugrundeliegen (Abb. 22).

Einen anderen Rekonstruktionsversuch unternahm R. North.[3] Seiner Ansicht nach handelt es sich bei dem Leuchter der Sacharjavision um drei (!) aufeinandergestellte Tonröhren (Abb. 23). Der Rand der obersten Röhre ist hohl und hat sieben Öffnungen zum Aufstecken der Lampen.[4]

Welche der beiden Rekonstruktionen hat nun mehr Wahrscheinlichkeit für sich?

Die Untersuchung R. Norths verarbeitet zweifellos eine große Fülle von Material. Dessen Auswertung erscheint mir jedoch etwas willkürlich, denn es gibt keinen Hinweis darauf, daß zu irgendeinem Zweck mehrere Tonröhren übereinandergestellt worden wären. Der Denkfehler

---

1 Der Text I Reg 7,48f bietet für eine eigenständige Rekonstruktion zu wenige Informationen.

2 K. Möhlenbrink: Leuchter. S. 258 f.

3 R. North: Lampstand. S. 203 – 206.

4 Vgl. meine nach den Angaben von R. North: Lampstand. S. 205 angefertigte Zeichnung Abb. 24.

bei R. North liegt schon bei der Fragestellung: „How can any such lamp have a height roughly equivalent to that of a man or a tree?"[1] Die eigentliche Frage lautet aber „Was *bedeuten* die Bäume/Menschen neben der Menora?" – und das ist eine exegetische, keine archäologische Frage.

Die gleiche Einschränkung gilt für R. Norths Rekonstruktion des oberen Randes der Menora, für die es keinerlei archäologische Belege gibt. Sie basiert nur auf einer Deutung von Sach 4,12. Dieser schwer verständliche Vers darf jedoch keinesfalls archäologisch ausgewertet, sondern er muß theologisch ausgelegt werden.[2]

Wesentlich wahrscheinlicher ist der Rekonstruktionsversuch von K. Möhlenbrink und K. Galling. Er wird nicht nur dem archäologischen Befund und der Sacharjavision gerecht, sondern kann auch vor dem Hintergrund von Ex 25 und I Reg 7 bestehen. Um das zu verdeutlichen, gebe ich die Zeichnung K. Gallings (unter Zuhilfenahme des Gefäßes aus Megiddo, Abb. 18) einmal in einer etwas veränderten Perspektive wieder, daneben die Begriffe, die von den drei Texten für die Einzelteile des Leuchters verwendet werden:

---

1 R. North: Lampstand. S. 203.

2 Vgl. O. Keel: Jahwe-Visionen. S. 307 – 311.

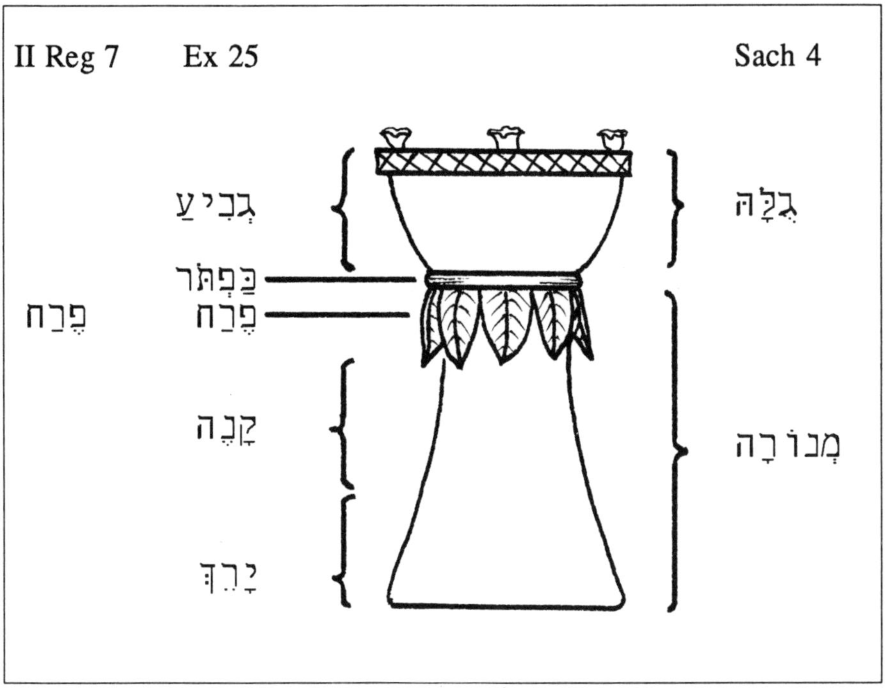

Die einzige detaillierte Beschreibung des Leuchters gibt also Ex 25,31–40 P^G. Hier ist גְּבִיעַ nicht (wie vom späteren Bearbeiter des Textes angenommen) der zusammenfassende Ausdruck für כַּפְתֹּר und פרח, sondern bezeichnet die Schale, den von Sacharja מְנֹרָה genannten Teil des Leuchters. Der Teil unterhalb der Schale – von Sacharja מְנֹרָה genannt – besteht aus einer unten konisch verdickten (ירך) Tonröhre (קָנֶה), die durch einen Blütenkranz[1] (פֶּרַח) und einen Wulstring verziert ist.

[1] II Reg 7,49 nennt die „Blüte" des Leuchters nicht, weil sie Hauptbestandteil des Leuchters ist, sondern weil die Menora sich in diesem Detail von anderen Ständern unterscheidet.

2.2. Siebenarmiger Leuchter

Als zweites Hauptstadium in der Entwicklungsgeschichte des Tempelleuchters hatte die Exegese den siebenarmigen Leuchter ergeben, der vermutlich im Zuge der Neueinrichtung des Jerusalemer Tempels nach dem Exil den einfachen Leuchterständer ablöste. Literarisch hat sich diese Veränderung in dem Text Ex 37,17–24 niedergeschlagen, nach dessen Vorbild Ex 25,31–40 P^G redaktionell überarbeitet wurde. Diese Texte bilden den ältesten Beleg für die Existenz eines siebenarmigen Leuchters. Archäologisch läßt sich dieser erst relativ spät, nämlich im ersten vorchristlichen Jahrhundert nachweisen. Daher muß in diesem Kapitel etwas anders vorgegangen werden als im vorangegangenen. Ausgehend von den verschiedenen durch Realfunde und Abbildungen belegten Formen siebenarmiger Leuchter muß (unter Berücksichtigung der Texte) auf den Leuchter des zweiten Tempels zurückgeschlossen werden. Ich gehe in diesem Kapitel also in erster Linie diachron vor, denn es gilt, bei der Rekonstruktion etwa ein halbes Jahrtausend zu überbrücken. Eine synchrone Arbeitsweise ist bei der Frage nach der Herkunft des Motivs des siebenarmigen Leuchters angeraten.

Bei der Rekonstruktion der Menora sind noch einige Unsicherheitsfaktoren zu berücksichtigen. Erstens ist der Leuchter des zweiten Tempels nicht immer der gleiche geblieben. Antiochus Epiphanes raubte im Jahre 168 v. Chr. das gesamte Tempelgerät mitsamt der Menora[1], so daß diese nach der Rückeroberung Jerusalems durch

1 Vgl. I Makk 1,21.

Judas Makkabäus (165 v. Chr.) durch ein neues Exemplar ersetzt werden mußte.[1]

Zweitens stellt sich angesichts der unterschiedlichen Darstellungsweise der archäologisch belegten Menorot die Frage, ob diese nicht bewußt von dem (ersten oder zweiten) Leuchter des Tempels abweichen, möglicherweise um dem jüdischen Bilderverbot[2] gerecht zu werden. In diesem Fall müßte ein voreiliger Rückschluß auf den Tempelleuchter zwangsläufig in die Irre gehen.

Der archäologische Befund ist unüberschaubar groß. Menorot finden sich auf Mosaiken, Malereien und Türstürzen (Abb. 25) von Synagogen, auf Wänden von Gräbern, auf Grabsteinen (Abb. 26), Sarkophagen und Ossuaren. Sie schmücken Öllampen (Abb. 27), Amulette (Abb. 28) und zahlreiche andere Gegenstände in Palästina und der Diaspora.

Die älteste Abbildung eines siebenarmigen Leuchters ist auf Bronzemünzen des letzten Hasmonäerkönigs Matthias Antigonus (40 – 37 v. Chr.) erhalten (Abb. 29). Aus der Zeit seines Nachfolgers Herodes (37 – 34 v. Chr.) stammt vermutlich die Ritzzeichnung, die in einem dem Tempel nahegelegenen Jerusalemer Privathaus gefunden wurde (Abb. 30).

Weitere die Menora darstellende Graffiti befinden sich in „Jasons Grab" in Jerusalem (Abb. 31). Da das Grab eine längere Zeit über in Benutzung war[3], ist eine genaue Datierung leider nicht möglich.

---

1 Vgl. I Makk 4,49f.

2 Vgl. Men 28b; RHSh 24a; AZ 43a.

3 L. Y. Rahmani: „Jason's Tomb." IEJ 17 (1967): S. 61 – 100 nennt einen Zeitraum, der mit der Regierungszeit des Alexander Janaios (103 – 76 v. Chr.) beginnt und etwa 30/31 n. Chr. endet.

Die bekannteste Darstellung des siebenarmigen Leuchters ist die des Titusbogens in Rom (Abb. 32), auf dem der Triumphzug der Römer mit ihren Beutestücken nach der Zerstörung Jerusalems (70 n. Chr.) abgebildet ist.[1]

Die einzigen Realfunde von Menorot aus antiker Zeit sind die Steinmenora aus Hammath (Abb. 33) und der Bronzeleuchter aus En-Gedi (Abb. 34), die jedoch frühestens ins dritte nachchristliche Jahrhundert datiert werden können.

Von dieser Zeit an nimmt die Zahl der Abbildungen stark zu, so daß auf einen weiteren Überblick verzichtet werden muß. Ich fasse statt dessen die mir bekannten Menorot zusammen, indem ich sie nach mehreren Gesichtspunkten in Typen einteile.

2.2.1. Arme

2.2.1.1. Form

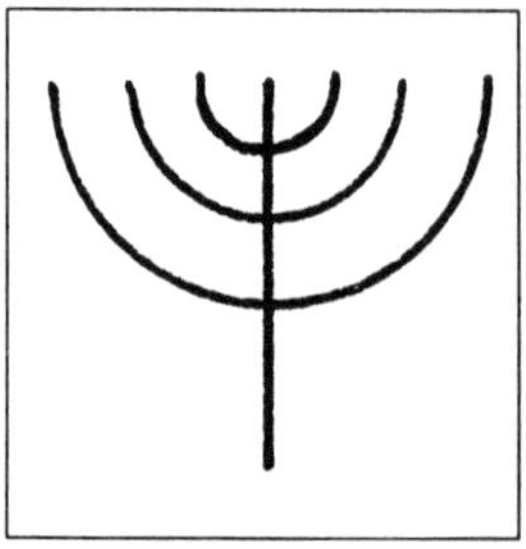

Die Arme der Menora sind in der Regel so dargestellt, daß jedes Paar etwa einen Halbkreis bildet. Sie enden meist auf gleicher Höhe mit dem Mittelschaft.

Insofern bildet der über der Thoraschreinnische der Synagoge von Dura-Europos (1. Hälfte des 3. Jh. n. Chr.) abgebildete Leuchter eine doppelte Ausnahme (Abb. 35).

---

1 Diese Darstellung diente als Vorlage für das Wappen des heutigen Staates Israel.

2.2.1.2. Verzierung

Die Arme sind, sofern es sich nicht um stilisierende Abbildungen handelt, verziert dargestellt. Bei der Bronzemenora aus En-Gedi sind sie aus Kugeln zusammengesetzt. Das entspricht dem Mosaik der Synagoge von Maon (Abb. 36), wo diese Kugeln durch Kreise wiedergegeben werden.

Die Menorot des Titusbogens und der Synagoge von Dura-Europos tragen an den Armen abwechselnd je eine Kugel und eine flache Scheibe. Wahrscheinlich ist die gleiche Verzierung auch bei der Graffiti-Menora aus Jerusalem (Abb. 30) angedeutet.

Die Arme der Leuchter des Synagogenmosaiks von Hammath (Abb. 38) sind abwechselnd mit Granatäpfeln und ovalen Knöpfen verziert. Bei letzteren handelt es sich meiner Meinung nach um stilisierte Blütenknospen, denn die am gleichen Ort gefundene Steinmenora zeigt Granatäpfel und Blüten.[1]

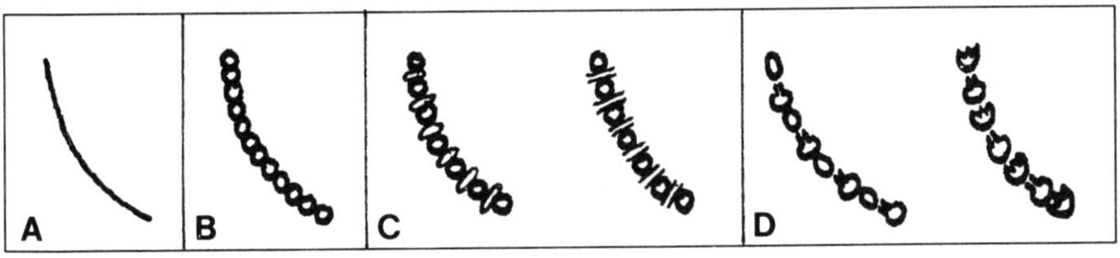

[1] Vgl. Ex 25,31.

2.2.1.3. Querbalken

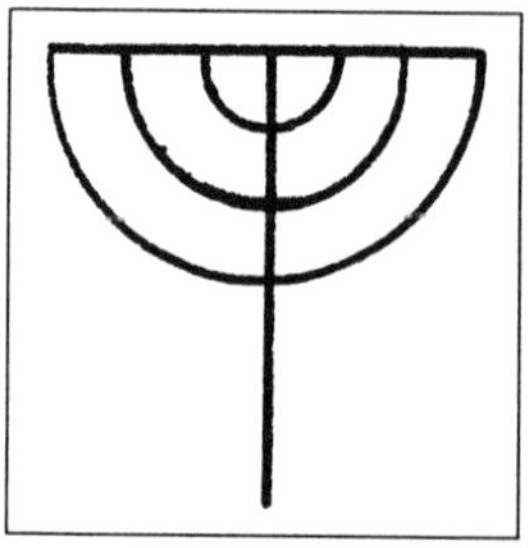

Bei zahlreichen Abbildungen sind die Leuchterarme an ihren Enden durch einen Querbalken verbunden (vgl. Abb. 36). Ich werde darauf in einem anderen Zusammenhang näher eingehen.[1]

2.2.2. Fuß

Weit mehr als bei den Armen gibt es bei der Darstellung des Leuchterfußes erhebliche Unterschiede. Es muß allerdings berücksichtigt werden, daß durch die aperspektivische Darstellungsweise mitunter die gleiche Struktur unterschiedlich abgebildet wird. Ich gehe davon aus, daß es zwei Grundtypen von Leuchterfüßen gegeben hat.[2]

2.2.2.1. Typ A

Der erste Typ besteht aus vier Standbeinen, die jeweils unmittelbar am unteren Ende des Schaftes ansetzen. Die Beine sind gerade oder leicht geschwungen und können am Ende in Form von Löwentatzen gestaltet sein. Zwei Beine sind parallel, die anderen beiden orthogonal zu den Armen des Leuchters ausgerichtet.

---

1 S. u. S. 76 f.

2 Die Menora auf der Münze des Matthias Antigonus ist wegen ihrer geringen Größe (ca. 9 mm) zu stark stilisiert, als daß man aus der Form ihres Fußes einen eigenen, dritten Typ ableiten könnte.

Bei Darstellungen dieses Typs werden nur zwei oder drei Beine abgebildet – das hintere Bein wird dann vor dem vorderen (= mittleren) verdeckt.[1] Teilweise waren die Beine auf einen Metallring aufgesetzt.

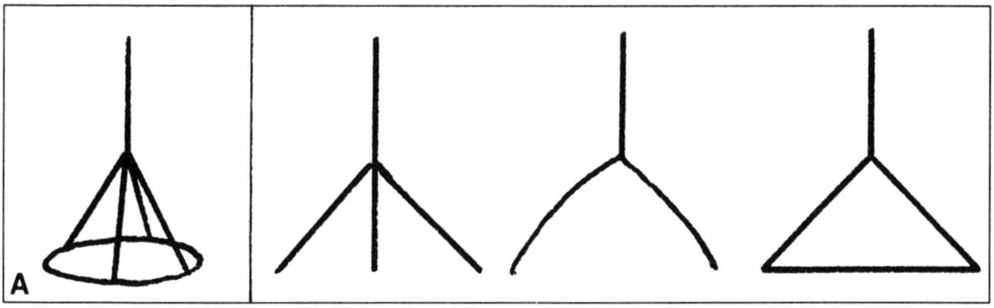

2.2.2.2. Typ B

Auch beim zweiten Typ wird der Leuchter von vier Beinen getragen. Diese setzen jedoch nicht unmittelbar am Schaft an, sondern bilden zusammen mit einer runden Scheibe ein kleines Tischchen, auf welchem der Schaft befestigt ist. Bei den Abbildungen sind wieder nur drei Beine dargestellt.[2]

---

1 Die Annahme, manche Leuchter hätten tatsächlich nur drei Standbeine gehabt, ist aus statischen Gründen sehr unwahrscheinlich.

2 Um eine Variante dieses Typs handelt es sich meines Erachtens bei der Menora aus Dura-Europos (Abb. 35). Auf dem Mosaik der Synagoge von Bet Alfa (Abb. 36) sind nebeneinander Menorot mit unterschiedlichen Füßen dargestellt.

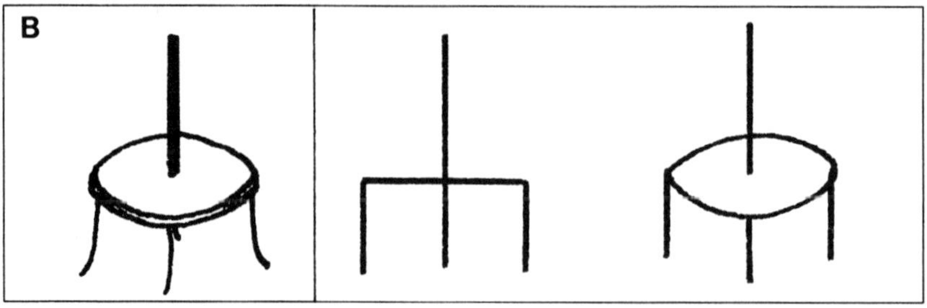

2.2.2.3. Menora des Titusbogens

Besondere Rätsel hat den Archäologen der Fuß des Leuchters vom Titusbogen (Abb. 32) aufgegeben. Es wird diskutiert, ob es sich bei der zweistufigen Basis um den Fuß der Menora selbst[1] oder um einen den Fuß umhüllenden Holzkasten[2] handelt. Eine direkte Parallele sind die Basen der auf dem Synagogenmosaik von Na'aran (Abb. 39) abgebildeten Leuchter, die meines Wissens bislang in diesem Zusammenhang unberücksichtigt blieben. Darüber hinaus können jene Abbildungen zur Lösung des Problems beitragen, bei denen der Fuß der Menora als Rechteck dargestellt ist (Abb. 31, 40 und 41). In diese Rechtecke sind häufig diagonale und orthogonale Linien eingezeichnet. Möglicherweise wird auf diese Weise ein Leuchterfuß (Typ A) dargestellt, der von einem Kasten umgeben ist. Für diese Deutung spricht auch die Schilderung des von den Römern geraubten Leuchters durch Josephus, der berichtet, sein Schaft ragte „mitten aus seinem gezimmerten Sockel

1 So W. Eltester: „Der Siebenarmige Leuchter und der Titusbogen." In: Judentum – Urchristentum – Kirche: Festschrift für Joachim Jeremias. Hg. v. W. Eltester, S. 62 – 76. Berlin: 1960 (BZNW Bd. 26).

2 So W. Wirgin: „On the Shape of the Foot of the Menorah." IEJ 11 (1961): S. 151 – 153.

(εκ της βασηως πεπηγως)“ heraus.[1] W. Wirgin hat vermutet, daß der auf dem Titusbogen abgebildete Kasten lediglich dazu diente, den Leuchter beim Transport zu sichern.[2] Da die anderen genannten Abbildungen vermutlich die Darstellung auf dem Titusbogen zur Vorlage haben, ist eine eigenständige, dritte Form des Leuchterfußes nicht anzunehmen.

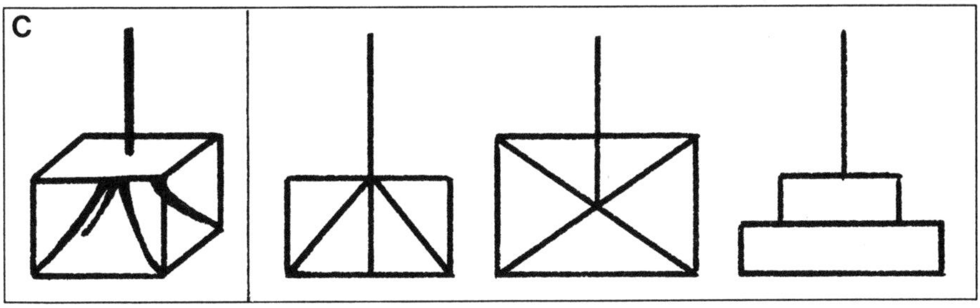

2.2.3. Lampen

Der größte Teil der Menorot ist ohne Lampen dargestellt. Bei den übrigen Abbildungen sind zwei bzw. drei Lampentypen zu unterscheiden.

---

1 Bell. VII, 5,5.

2 A. a. O. Vgl. auch: Pfanner, Michael: Der Titusbogen. Mainz: 1983.

2.2.3.1. Typ A

Der gewöhnliche Fall ist wohl, daß auf die Enden der Leuchterarme Öllampen im Stil der jeweiligen Zeit aufgestellt wurden (Abb. 35 und 42).

2.2.3.2. Typ B

Bei den Menorot des Synagogenmosaiks von Hammath (Abb. 38) sind die Lampen durch konische Röhren angedeutet – ein Lampentyp, der meines Wissens archäologisch sonst nicht belegt ist. Ich vermute daher, daß es sich hier nicht um aufgestellte Lämpchen, sondern um Bestandteile des Leuchters selbst handelt. Die Graffiti-Menora aus Jerusalem (Abb. 30) ist ebenfalls diesem Typ zuzuordnen, denn die „Flammen" sind unmittelbar auf die Enden der Leuchterarme aufgesetzt.

2.2.3.3. Typ C?

Ein dritter Typ liegt möglicherweise bei all jenen Abbildungen vor, wo die Arme der Leuchter an ihren Enden durch Querbalken verbunden sind (Abb. 37 und 43). Zur Deutung dieses Querbalkens ist mir keine Literatur bekannt. Ich kann daher nur eine eigene Vermutung äußern: Handelt es sich möglicherweise um „Tablettlampen", wie sie in Samaria (Abb. 44) und Gezer gefunden wurden, die als Aufsätze für Menorot verwendet wurden? In diesem Falle wäre die Wartung des Leuchters besonders einfach, denn wenn das Öl aufgebrannt ist, braucht nur das gemeinsame Reservoir aufgefüllt oder das ganze „Tablett" gegen ein gefülltes ausgetauscht zu werden. Nähere Hinweise hierfür gibt es jedoch nicht.[1]

2.2.4. Rekonstruktion

Welcher Leuchter läßt sich nun mit Hilfe der zahlreichen Abbildungen rekonstruieren? Wir wissen nur vom Relief des Titusbogens, daß er den Anspruch erhebt, den Tempelleuchter abzubilden. Bei den Synagogenmosaiken liegt es zunächst einmal nahe, daß sie jeweils die Menora zeigen, die am Ort real vorhanden war – dafür spricht die stilistische Übereinstimmung des Mosaiks von Hammath mit der dort gefundenen Steinmenora. Da die Mosaiken untereinander aber starke Unterschiede aufweisen, können sie nur indirekt zur Rekonstruktion beitragen. Das gleiche gilt für die Darstellungen auf Türstürzen, Grabsteinen usw., auf denen die Menora in erster Linie symbolische Funktion hat.[2]

Wir können uns der Gestalt des Leuchters also von zwei Seiten nähern: Durch Ex 25.37 bekommen wir einen Eindruck vom ersten Leuchter des nachexilischen Tempels. Vom Relief des Titusbogens können wir

---

1 Eine Alternative zu dieser Deutung wäre, daß der Querbalken gar nicht mit den Lampen zusammenhängt, sondern lediglich die Arme des Leuchters stabilisieren soll. Das scheint mir jedoch sehr unwahrscheinlich zu sein. – Gegen beide Lösungsvorschläge spricht die Steinmenora aus Hammath (Abb. 33). Einerseits ist der Leuchter nur halbplastisch gearbeitet, so daß keine Gefahr besteht, die Arme könnten (wie der Fuß) abbrechen. Andererseits befinden sich auf der Oberseite des Querbalkens Mulden zum Einstellen einzelner Öllampen. Es kann allerdings nicht ausgeschlossen werden, daß der Balken hier unabhängig von seinem funktionalen Ursprung lediglich als dekoratives Element zu verstehen ist.

2 Vgl. *E. R. Goodenough*: *Jewish Symbols* in the Greco-Roman Period. Bd. 4. New York: 1954. S. 94 – 98.

(unter Berücksichtigung der übrigen Abbildungen) auf den Leuchter der Makkabäer zurückschließen.

2.2.4.1. Der erste Leuchter

Die erste siebenarmige Menora des zweiten Tempels (515 – 168 v. Chr.) muß in erster Linie nach Ex 25.37 rekonstruiert werden. Dies scheint mir bei der Zeichnung von R. Hachlili und R. Merkav (Abb. 45) recht gut gelungen zu sein. Denn anders als in Ex 25 P^G wird in Ex 37 (25) P^S כַּפְתֹּר וָ פֶּרַח vermutlich als Hendiadyoin für גְבִיע verstanden. Die Form des Fußes muß offen bleiben. Für den Vorschlag von R. Hachlili und R. Merkav spricht die große Nähe zum Leuchter der vorexilischen Zeit.[1] Die samaritische Lesart von Num 8,4 (ירכיה = ihre Füße) macht jedoch wahrscheinlicher, daß die Menora vier Standfüße hatte.

---

1 Ein Leuchter mit einem ähnlichen Fuß wurde im ägyptischen El-Kurru gefunden (Abb. 46).

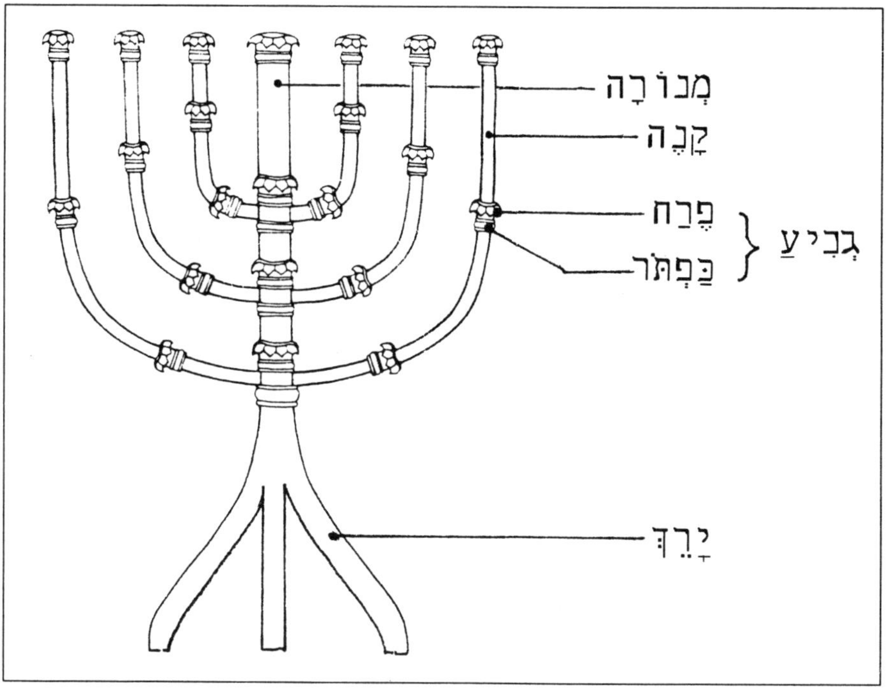

2.2.4.2. Der zweite Leuchter

Der von den Makkabäern 135 v. Chr. aufgestellte und von den Römern 70 n. Chr. geraubte Leuchter wird auf dem Titusbogen abgebildet. Da der Fuß des Leuchters auf dieser Darstellung durch einen Kasten verdeckt ist, ist diese nur zur Rekonstruktion des oberen Leuchterteils zu verwenden.

2.2.5. Motiv des siebenarmigen Leuchters

Die Gestalt der beiden nacheinander verwendeten siebenarmigen Leuchter des zweiten Tempels konnte mit Hilfe der Texte und Abbildungen rekonstruiert werden. Eine Frage blieb bislang unbeantwortet: Woher kommt das Motiv des siebenarmigen Leuchters, das nach dem Exil scheinbar unvermittelt auftaucht? Direkte Parallelen, das hatten wir bereits gesehen, gibt es für ein solches Kultgerät nicht.

Dennoch knüpft die Menora des zweiten Tempels an eine bekannte Tradition an. Es handelt sich dabei um das in der vorderorientalischen Ikonographie etwa seit dem 3. Jahrtausend verbreitete Motiv des „Lebensbaumes".[1] In der Glyptik wird der Lebensbaum häufig von antithetisch angeordneten Gestalten (z. B. Adoranten, Sphingen, Ziegen) eingerahmt (Abb. 47 und 48). Seine Darstellung ist unterschiedlich, in der Spätbronzezeit war der Baum mit sieben Ästen besonders beliebt.[2] Diese Tatsache darf allerdings nicht dazu verleiten, schon für die vorstaatliche Zeit Israels einen siebenarmigen Leuchter (etwa im „Zeltheiligtum" der Wüstenzeit) anzunehmen.[3] Denn die Siebenzahl der Arme ist von den sieben Lampen der vorexilischen Menora bestimmt und nicht von einem bestimmten Typus des Lebensbaums. In dem siebenarmigen Leuchter wird die Lebensbaumtradition als ganze verarbeitet – und die war noch über die persische Zeit hinaus

---

1 Die Abhängigkeit der Menora vom Lebensbaummotiv wurde schon von F. Lundgreen: Die Benutzung der Pflanzenwelt in der alttestamentlichen Religion. Gießen: 1908. S. 43 – 53 (BZAW Bd. 14) in Betracht gezogen und von C. Meyers: Tabernacle Menorah nachgewiesen.

2 Vgl. C. Meyers: Tabernacle Menorah. S. 119.

3 Gegen C. Meyers.

verbreitet.[1] Die Verbindung des Lebensbaummotivs mit der (sakralen) Lampe, wie sie in der Menora vorliegt, scheint ebenfalls nicht spezifisch israelitisch zu sein, sie ist bereits in der Glyptik belegt (Abb. 49). Singulär ist nur die Umsetzung dieser Verbindung in ein Kultgerät.

---

1 Vgl. P. Welten: Art. „Baum, sakraler." In: BRL^2. Sp. 34 – 35.

3. Zusammenfassung: Geschichte der Menora

Die Ergebnisse dieser Arbeit fasse ich zusammen, indem ich sie zu einer „Geschichte der Menora“[1] zusammenstelle.

Als Salomo den Jerusalemer Tempel errichten ließ, wurden im Hauptraum zehn goldene Leuchter aufgestellt, die das Innere des Tempels beleuchten sollten. Das deuteronomistische Geschichtswerk hat einen zeitgenössischen Bericht hierüber erhalten (I Reg 7,48f). Die Leuchter bestanden aus einer verzierten konischen Röhre, an deren oberen Ende eine Schale sieben Lampen trug.

Im Laufe der folgenden Jahrhunderte bildete sich die Tradition heraus, daß ein einzelner Leuchter dem Schaubrottisch gegenüber vor das Debir gestellt wurde. Nur er hatte eine Funktion im Kult, die anderen rückten als reine Beleuchtungsgeräte in den Hintergrund. Diese Menora konnte aufgrund der priesterschriftlichen Beschreibung (Ex 25,31–40* P^G) und der Sacharjavision (Sach 4,1–14*) rekonstruiert werden. Bei der Zerstörung Jerusalems (586/7 v. Chr.) wurde der Leuchter zusammen mit den anderen Tempelgeräten von den Babyloniern geraubt.

Nach der Rückkehr der Israeliten konnte im Jahre 519 v. Chr. mit dem Wiederaufbau des Tempels begonnen werden, der 515 eingeweiht wurde. Möglicherweise wurden einige Geräte des vorexilischen Tempels wiederverwendet.[2] Der Leuchter jedoch wurde durch ein neues Exemplar ersetzt, das in Anlehnung an das vorderorientalische Lebensbaummotiv gestaltet wurde. Eine Beschreibung dieses Leuchters finden wir in Ex 25,31–40. Darüber hinaus informiert uns die

---

1 Vgl. D. Sperber: „The History of the Menorah.“ JJS 16 (1965): 135 – 159.

2 Vgl. Esr 1,7–11.

Priesterschrift darüber, daß die Unterhaltung des Leuchters der Levitengruppe der Kahatiten oblag[1], die dafür zu sorgen hatte, daß seine Lampen (auch) in der Nacht brannten.[2]

Im Jahr 168 v. Chr. wurde der Tempel unter Antiochus Epiphanes ein zweites Mal geplündert[3], so daß der Leuchter nach der Rückeroberung Jerusalems (165 v. Chr.) wiederum durch ein neues Exemplar ersetzt werden mußte.[4] Dieses unterschied sich in der Grundstruktur nicht von seinem Vorgänger. Es konnte sich jedoch die Praxis durchsetzen, den Fuß des Leuchters mit einem (hölzernen?) Kasten zu verkleiden.[5]

Mit Aufkommen der Synagogenbauten verbreitete sich die Form des siebenarmigen Leuchters über Palästina und die Diaspora – als Symbol des Judentums und jüdischer Glaubensinhalte. Diese Entwicklung wurde durch die endgültige Zerstörung des Jerusalemer Tempels (70 n. Chr.) begünstigt. Denn mit dem Tempel verloren die Juden auch ihre Kultgeräte, die Römer brachten sie in einem feierlichen Triumphzug nach Rom. Auf dem Titusbogen ist dieses Ereignis festgehalten. Die Tatsache, daß der Leuchter hier abgebildet ist, verrät, daß die Römer sich seiner zentralen Bedeutung für das Judentum bereits bewußt waren.

---

1 Num 3,31.

2 Lev 24,1–3.

3 I Makk. 1,21; vgl. Josephus: Ant. XII, 5,4.

4 I Makk 4,49.

5 Vgl. Josephus: Bell. VII, 5,5.

Literaturverzeichnis

A. Quellen

Der Babylonische Talmud, nach der ersten zensurfreien Ausgabe unter Berücksichtigung der neueren Ausgaben und handschriftlichen Materials neu übertragen von L. Goldschmidt. 3. Bd. Berlin: 1930; 9. Bd. Berlin: 1934; 10. Bd. Berlin: 1935.

Biblia Hebraica. Hg. v. R. Kittel. Stuttgart: 1951[7].

Biblia Hebraica Stuttgartensia. Hg. v. K. Elliger und W. Rudolph. Stuttgart: 1983[2].

Biblia Sacra: Iuxta Vulgatam Versionem. Hg. v. R. Weber. Stuttgart: 1985[3].

Der Hebräische Pentateuch der Samaritaner. Hg. v. A. Freiherr v. Gall. Gießen: 1918.

Flavii Josephi Opera. Hg. v. B. Niese. 3 Bde. Berlin: 1955.

Flavius Josephus: De bello judaico – Der jüdische Krieg: Zweisprachige Ausgabe der sieben Bücher. Hg. v. O. Michel und O. Bauernfeind. 2 Bde. Darmstadt: 1959 – 1969.

I. Makkabäerbuch. Hg. v. K.-D. Schnuck. Gütersloh: 1980 (JShrZ 1,4).

II. Makkabäerbuch. Hg. v. C. Habicht. Gütersloh: 1976 (JShrZ 1,3).

The Old Testament in Greek According to the Text of Codex Vaticanus. Hg. v. A. E. Brooke und N. McLean. Cambridge: 1909.

B. Lexika

Biblisches Reallexikon. Hg. v. K. Galling. Tübingen: 1937 (= *BRL* ^{1}); 1978^{2} (= *BRL* ^{2}) (HAT 1,1).

Biblisch-Historisches Handwörterbuch. Hg. v. B. Reicke und L. Rost. 3 Bde. Göttingen: 1962 – 1966 (= *BHH*).

Gesenius, W.: Hebräisches und aramäisches Wörterbuch über das Alte Testament. Berlin; Göttingen; Heidelberg: (1915^{17}) Nachdruck 1962 (= *Gesenius* ^{17}).

Gesenius, W.: Hebräisches und aramäisches Wörterbuch über das Alte Testament. Hg. v. R. Meyer und H. Donner. Berlin; Heidelberg: 1987^{18} (= *Gesenius* ^{18}).

Hebräisches und aramäisches Lexikon zum Alten Testament. Hg. v. L. Koehler und W. Baumgartner. Leiden: 1967 ff^{3} (= *HAL* ^{3}).

Lexikon der Ägyptologie. Hg. v. W. Helck. 6 Bde. Wiesbaden: 1972 ff (= *LÄ*).

Menge, H.: Langenscheidts Großwörterbuch Griechisch – Deutsch: Unter Berücksichtigung der Etymologie. Berlin; München; Wien; Zürich: 1981^{24}.

Realencyklopädie für protestantische Theologie und Kirche. Leipzig: 1896 – 1913^{3} (= *RE* ^{3}).

Die Religion in Geschichte und Gegenwart. Tübingen: 1927 ff^{2} (= *RGG* ^{2}); 1957 ff^{3} (= *RGG* ^{3}).

Theologische Realenzyklopädie. Berlin; New York: 1977 ff (= *TRE*).

Theologisches Handwörterbuch zum Alten Testament. Hg. v. E. Jenni und C. Westermann. München: Bd. 1: 1984^{4}; Bd. 2: 1984^{3} (= *THAT*).

Theologisches Wörterbuch zum Alten Testament. Hg. v. G. J. Botterweck und H. Ringgren. Stuttgart; Berlin; Köln; Mainz: 1973 ff (= *ThWAT*).

C. Konkordanzen

Hatch, E. und H. A. Redpath (Hg.): A Concordance of the Septuagint and the Other Greek Versions of the Old Testament (Including the Apocryphical Books). 2 Bde. Oxford: 1897.

Lisowski, G. und L. Rost: Konkordanz zum Hebräischen Alten Testament. Stuttgart: 1966^{2}.

Mandelkern, S.: Concordantiae Hebraicae et Chaldaicae. Berlin: 1937.

Rengstorf, K. H. (Hg.): A Complete Concordance to Flavius Josephus. Bd. 3. Leiden: 1979.

D. Grammatiken

Bauer, H. und P. Leander: Historische Grammatik der hebräischen Sprache des Alten Testaments. Mit einem Beitrag von P. Kahle. 1. Bd. (Halle: 1922). Hildesheim: 1965.

Brockelmann, C.: Hebräische Syntax. Neukirchen: 1956.

Gesenius, W. und E. Kautzsch: Hebräische Grammatik. (1909[28]) Nachdruck Hildesheim: 1977.

König, F. E.: Historisch-Kritisches Lehrgebände der Hebräischen Sprache mit comparativer Berücksichtigung des Hebräischen überhaupt. Zweite Hälfte 1. Theil. Leipzig: 1895.

Michel, D.: Grundlegung einer hebräischen Syntax. Teil 1: Sprachwissenschaftliche Methodik, Genus und Numerus des Nomens. Neukirchen-Vluyn: 1977.

E. Übrige Literatur

Aalen, S.: Art. „אוֹר.“ In: ThWAT Bd. 1. S. 160 – 182.

Amiran, R.: Ancient Pottery of the Holy Land from its Beginnings in the Neolithic Period to the End of the Iron Age. Jerusalem: (1963 Hebr.) 1969.

Avigad, N.: Discovering Jerusalem. Nashville, Camden; New York: 1983.

Baentsch, B. Exodus – Leviticus – Numeri. Hg. v. W. Nowack. Göttingen: 1903 (HK Bd. 1,2).

Beer, G. und *K. Galling*: *Exodus*. Tübingen: 1939 (HAT Bd. 1,3).

Benken, W. A. M.: Haggai – Sacharja 1–8: Studien zur Überlieferungsgeschichte der frühnachexilischen Prophetie. Assen: 1967 (Studia Semitica Neederlandica Bd. 10).

Bič, M.: Die Nachtgesichte des Sacharja: Eine Auslegung von Sacharja 1–6. Neukirchen-Vluyn: 1964 (Biblische Studien Bd. 42).

Bliss, F. J. und R. A. Macalister: Excavations in Palestine During the Years 1898 – 1900. London: 1902.

Busink, T. A.: Der Tempel von Jerusalem von Salomon bis Herodes. 2 Bde. Leiden: 1970/1980.

Cross, F. M.: „The Priestly Tabernacle: A Study from Archaeological and Historical Approach." BA 10 (1947): S. 45 – 68.

Crowfoot, J. W., G. M. Crowfoot und K. Kenyon: The Objects from Samaria. London: 1957 (*Samaria-Sebaste*: Reports of the Work of the Joint Expedition in 1931 – 1933 and the British Expedition in 1935. Bd. 3).

De Vries, S. P.: Jüdische Rituale und Symbole. Wiesbaden: 1981.

Dietrich, W.: Prophetie und Geschichte: Eine redaktionsgeschichtliche Untersuchung zum deuteronomistischen Geschichtswerk. Göttingen: 1972 (FRLANT Bd. 108).

Dillmann, A. und V. Ryssel: Die Bücher Exodus und Leviticus. Leipzig: (1880) 1897^3 (KEH Bd. 12).

Donner, H.: Geschichte des Volkes Israel und seiner Nachbarn in Grundzügen. 2 Bde. Göttingen: 1984/1986 (ATD. E Bd. 4).

Dothan, M.: *Hammath* Tiberias: Early Synagogues and the Hellenistic and Roman Remains. Jerusalem: 1983.

Ehrlich, E. L.: Die Kultsymbolik im Alten Testament und im nachbiblischen Judentum. Stuttgart: 1959 (Symbolik der Religionen Bd. 3).

Eißfeld, O.: Hexateuch Synopse. Leipzig: 1922.

Elliger, K.: Das Buch der zwölf kleinen Propheten. Bd. 2: Die Propheten Nahum, Habakuk, Zephanja, Haggai, Sacharja, Maleachi. Göttingen: (1949) 1975[7] (ATD Bd. 25,2).

Ders.: „Sinn und Ursprung der priesterschriftlichen Geschichtserzählung." In: Kleine Schriften zum Alten Testament. Hg. v. H. Gese und O. Kaiser. München: 1952. S. 174 – 198 (TB Bd. 32).

Eltester, W.: „Der Siebenarmige Leuchter und der Titusbogen." In: Judentum – Urchristentum – Kirche. Festschrift für Joachim Jeremias. Hg. v. W. Eltester. Berlin: 1960. S. 62 – 76.

Fischer, H. G.: Art. „Lampe." In: LÄ Bd. 3. S. 916.

Forbes, R. J.: Studies in Ancient Technology. Bd. 6. Leiden: 1958.

Fritz, V.: *Tempel und Zelt.* Studien zum Tempelbau in Israel und zu dem Zeltheiligtum der Priesterschrift. Neukirchen-Vluyn: 1977 (WMANT Bd. 47).

Galling, K.: „Die *Beleuchtungsgeräte* im israelitisch-jüdischen Kulturgebiet." ZDPV 64 (1923): S. 1 – 46.

Ders.: „Beschriftete *Bildsiegel* des ersten Jahrtausends v. Chr. vornehmlich aus Syrien und Palästina." ZDPV 46 (1949): S. 122 – 202.

Ders.: Die Bücher der Chronik, Esra, Nehemia. Göttingen: 1954 (ATD Bd. 12).

Ders.: Art. „Lampe (und Leuchter)." In: BRL[1]. Sp. 347 – 350.

Ders.: Art. „Leuchter: 1. Im AT." In: RGG^2. Bd. 3. Sp. 1597 f.

Ders.: Art. „Leuchter. I. Im AT und Judentum." In: RGG^3. Bd. 4. Sp. 332 f.

Ders.: Studien zur Geschichte Israels im persischen Zeitalter. Tübingen: 1964.

Gese, H.: „Anfang und Ende der *Apokalyptik*: Dargestellt am Sacharjabuch." In: Ders.: Vom Sinai zum Zion: Alttestamentliche Beiträge zur Biblischen Theologie. München: 1974. S. 202 – 238 (BEvTh Bd. 64).

Görg, M.: „Zur *Dekoration* des Leuchters." BN 15 (1981): S. 21 – 29.

Ders.: Das Zelt der Begegnung. Untersuchung der sakralen Zelttraditionen Altisraels. Bonn: 1967 (BBB Bd. 27).

Goldberg, A. M.: „Der siebenarmige Leuchter: Zur Entstehung eines jüdischen Bildsymbols." ZDMG 117 (1967): S. 232 – 246.

Goodenough, E. R.: *Jewish Symbols* in the Greco-Roman Period. 13 Bde. New York: 1953 – 1968.

Greßmann, H.: Altorientalische Bilder zum Alten Testament. Berlin; Leipzig: 1927^2.

Gunkel, H.: Schöpfung und Chaos in Urzeit und Endzeit: Eine religionsgeschichtliche Untersuchung über Gen 1 und Ap Joh 12. Göttingen: 1895.

Gutmann, J.: „A Note on the Temple Menorah." ZNW 60 (1969): S. 289 – 191.

Hachlichi, R. und R. Merkav: „The Menorah in the First and Second Temple Times in the Light of the Sources and Archaeology.“ *EI 18* (1985): S. 256 – 267 (Bilder) und 74* (englische Zusammenfassung des Textes).

Haran, M.: „Behind the Scenes of History: Determining the Date of the Priestly Source.“ JBL 100, 3 (1981): S. 321 – 333.

Ders.: „The Divine Presence in the Israelite Cult and the Cultic Institutions.“ Bib 50 (1969): S. 251 – 267.

Haupt, P.: „The Visions of Zechariah.“ JBL 32 (1913): S. 107 – 122.

Holzinger, H.: *Exodus*. Tübingen; Freiburg i. Br., Leipzig: 1900 (KHC Bd. 2).

Hüttenmeister, F. und M. Hengel: Art. „Synagoge.“ In: BRL². S. 327 – 332.

James, F.: The Iron Age at *Beth Shan*: A Study of Levels VI – IV. Philadelphia: 1966.

Jeremias, C.: Die Nachtgesichte des Sacharja: Untersuchungen zu ihrer Stellung im Zusammenhang der Visionsberichte im Alten Testament und zu ihrem Bildmaterial. Göttingen: 1977 (FRLANT Bd. 117).

Keel, O.: *Jahwe-Visionen* und Siegelkunst: Eine neue Deutung der Majestätsschilderungen in Jes 6, Ez 1 und 10 und Sach 4. Stuttgart: 1977 (SBS 84/85).

Ders.: Die Welt der altorientalischen Bildsymbolik und das Alte Testament: Am Beispiel der Psalmen. Zürich; Einsiedeln; Köln – Neukirchen: 1972.

Keel, O. und M. Küchler: Orte und Landschaften der Bibel: Ein *Handbuch* und Studienreiseführer zum Heiligen Land. Bd. 2: Der Süden. Zürich; Einsiedeln; Köln – Göttingen: 1982.

Kellermann, D.: Die *Priesterschrift* von Num 1,1–10,10 literarkritisch und traditionsgeschichtlich untersucht. Berlin: 1970 (BZAW Bd. 120).

Kilian, R.: „Die Priesterschrift: Hoffnung auf Heimkehr." In: J. Schreiner (Hg.): Wort und Botschaft des Alten Testaments. Würzburg: 1969. S. 243 – 260.

Kittel, R.: Art. „Tempelgeräte." In: RE³. Bd. 19. S. 500 – 504.

Koch, K.: Art. „אָהַל/אֹהֶל." In: ThWAT Bd. 1. S. 128 – 141.

Ders.: Die *Priesterschrift* von Exodus 25 bis Leviticus 16: Eine überlieferungsgeschichtliche und literarkritische Untersuchung. Göttingen: 1959 (FRLANT Bd. 71).

Kohl, H. und C. Watzinger: Antike Synagogen in Galilaea. (Leipzig: 1916) Neudruck Osnabrück: 1975.

Krauß, S.: Talmudische Archäologie. (Leipzig: 1910/12) Nachdruck Hildesheim: 1966.

Levine, L. I. (Hg.): *Ancient Synagogues Revealed.* Jerusalem: 1981.

Lundgreen, F.: Die Benutzung der Pflanzenwelt in der alttestamentlichen Religion. Gießen: 1908 (BZAW Bd. 14).

Macalister, R. A. S.: The Excavation of *Gezer*: 1902 – 1905 and 1907 – 1909. Bd. 2. London: 1912.

Mason, R.: „Some Echoes of the Preading in the Second Temple? Tradition Elements in Zechariah 1–8." ZAW 96 (1984): S. 221 – 235.

May, H. G: und R. M. Engberg: Material *Remains* of the Megiddo Cult. Chicago: 1935.

Mayer, G.: Art. „Josephus Flavius." In: TRE Bd. 17. S. 258 – 264.

Meissner, B.: Babylonien und Assyrien I. Heidelberg: 1920.

Meshorer, Y.: Jewish Coins of the Second Temple Period. Tel-Aviv: 1967.

Metzger, M.: Grundriß der Geschichte Israels. Neukirchen-Vluyn: (1963) 1983^{6}.

Meyers, C.: Art. „מְנֹרָה m^{e}norāh." In: *ThWAT Bd. 4*. S. 981 – 987.

Dies.: The *Tabernacle Menorah*: A Synthetic Study of a Symbol from the Biblical Cult. Missoula: 1976 (American Schools of Oriental Research Dissertation Series Bd. 2).

Dies.: „Was there a Seven-Branched Lampstand in Solomon's Temple?" BAR 5, 5 (1979): S. 46 – 57.

Möhlenbrink, K.: „Der *Leuchter* im 5. Nachtgesicht des Propheten Sacharja." ZDPV 52 (1929): S. 257 – 286.

Moortgat, A.: Vorderasiatische Rollsiegel: Ein Beitrag zur Geschichte der Steinschneidekunst. Berlin: (1940) 1966^{2}.

North, R.: „Zechariah's Seven-Spout *Lampstand*." Bib 51 (1970): S. 183 – 206.

Noth, M.: Das dritte Buch Mose: *Leviticus*. Göttingen: 1962 (ATD Bd. 6).

Ders.: „Die Gesetze im Pentateuch: Ihre Voraussetzungen und ihr Sinn." In: Gesammelte Studien zum Alten Testament. München: (1957) 1966^{3}. S. 9 – 141 (TB Bd. 6).

Ders.: *Könige*: I. Teilband. Neukirchen-Vluyn: 1968 (BK. AT Bd. 9,1).

Ders.: Überlieferungsgeschichte des Pentateuch. Stuttgart: 1960^2.

Ders.: Das vierte Buch Mose: Numeri. Göttingen: 1962 (ATD Bd. 7).

Ders.: Das zweite Buch Mose; *Exodus*. Göttingen: (1959) 1961^2 (ATD Bd. 5).

Pfanner, M.: Der Titusbogen. Mainz: 1983.

Pritchard, J. B.: The Ancient Near East in Pictures: Relating to the Old Testament. Princeton: (1954) 1969^2 (= *ANEP*).

v. Rad, G.: Die Priesterschrift im Hexateuch. Stuttgart: 1934 (BWANT Bd. 65).

Rahmany, L. Y.: „*Jason's Tomb.*" IEJ 17 (1967), S. 61 – 100.

Rendtorff, R.: Die *Gesetze* in der Priesterschrift: Eine gattungsgeschichtliche Untersuchung. Göttingen: (1954) 1963^2 (FRLANT Bd. 62).

Rignell, L. G.: Die Nachtgesichte des Sacharja: Eine exegetische Studie. Lund: 1950.

Rost, L.: „Bemerkungen zu Sacharja 4." ZAW 63 (1951): S. 216 – 221.

Ders.: Die Vorstufen von Kirche und Synagoge im Alten Testament. Stuttgart: 1967^2.

Rothstein, J. W.: Die Nachtgesichte des Sacharja: Studien zur Sacharjaprophetie und zur jüdischen Geschichte im ersten nachexilischen Jahrhundert. Leipzig: 1910 (BWAT Bd. 8).

Rudolph, W.: Haggai – Sacharja 18 – Sacharja 9–14 – Maleachi. Gütersloh: 1976 (KAT. NF, Bd. 13,4).

Rüger, H. P.: Art. „Lampe." In: BHH Bd. 2. Sp. 1046 f.

Rüthy, A. E.: Art. „Leuchter." In: BHH Bd. 2. Sp. 1075.

Sæbø, M.: Art. „אוֹר. Licht." In: THAT Bd. 1. Sp. 84 – 90.

Schäfer, H.: Die altägyptischen Prunkgefäße mit aufgesetzten Randverzierungen: Ein Beitrag zur Geschichte der Goldschmiedekunst. (Leipzig: 1903) Nachdruck Hildesheim: 1964 (Untersuchungen zur Geschichte und Altertumskunde Ägyptens Bd. 4,1).

Schmidt, W. H.: Einführung in das Alte Testament. Berlin; New York: (1978) 1982^2.

Schumacher G. und C. Steuernagel: Tell el-Mutesellim: Bericht über die 1903 – 1905 ... veranstalteten Ausgrabungen. 1. Bd.: Fundbericht. A: Text; B: Tafeln. Leipzig 1908.

Seybold, K.: Bilder zum Tempelbau: Die Visionen des Propheten Sacharja. Stuttgart: 1974 (SBS Bd. 70).

Smend, R.: Die *Entstehung* des Alten Testaments. Stuttgart; Berlin; Köln; Mainz: (1978) 1981^2 (Theologische Wissenschaft Bd. 1).

Ders.: „Das Gesetz und die Völker: Ein Beitrag zur deuteronomistischen Redaktionsgeschichte." In: H. W. Wolff (Hg.): Probleme biblischer Theologie. Festschrift für Gerhard v. Rad. München: 1971. S: 494 – 509.

Smith, H.: „The Household Lamps of Palestine in Intertestamental Times." BA 27 (1964): S. 101 – 124.

Ders.: „The Household Lamps of Palestine in New Testament Times." BA 29 (1966): S. 2 – 27.

Ders.: „The Household Lamps of Palestine in New Testament Times." *BA 27* (1964): S. 1 – 31.

Sperber, D.: „The History of the Menorah." JJS 16 (1965). S. 135 – 155.

Stade, B.: „Der Text des Berichtes über Salomos Bauten." ZAW 3 (1883): S. 129 – 177.

Watzinger, C.: Tell el-Mutesellim: Bericht über die 1903 – 1905 ... veranstalteten Ausgrabungen. II. Band: Die Funde. Leipzig: 1929.

Weippert, H.: Art. „Lampe." In: BRL^2. S. 198 – 201.

Dies.: Palästina in vorhellenistischer Zeit. München: 1988 (Handbuch der Archäologie. Vorderasien II. Bd. 1).

Wellhausen, J.: Die Composition des Hexateuchs und der Historischen Bücher des Alten Testaments. Berlin: (1880) 1899^3.

Ders.: *Die kleinen Propheten* übersetzt und erklärt. Berlin: (1892) 1963^4.

Welten, P.: Art. „Baum, sakraler." In: BRL^2. S. 34 f.

Wirgin, W.: „The Menorah as Symbol of After-Life." IEJ 14 (1964): S. 102 – 104.

Ders.: „The Menorah as Symbol of Judaism." IEJ 12 (1962): S. 140 – 142.

Ders.: „On the Shape of the Foot of the Menorah." IEJ 11 (1961): S. 151 – 153.

van der Wonde, A. S.: „Die beiden Söhne des Öls (Sach 4:14): messianische Gestalten?" In: Travels in the World of the Old Testament. Festschrift für M. A. Beek. Assen: 1974. S. 262 – 268.

Würthwein, E.: Die Bücher der Könige: 1. Kön 17 – 2. Kön 25. Göttingen: 1984 (ATD Bd. 11,2).

Ders.: Das Erste Buch der Könige: Kapitel 1 – 16. Göttingen 1977 (ATD Bd. 11,1).

Yadin, Y. (Hg.): Jerusalem Revealed: Archaeology in the Holy City 1968 – 1974. Jerusalem: 1976.

Yarden, L.: „Aaron, Bethel, and the Priestly Menorah." JJS 26 (1975): S. 39 – 47.

Zevit, Z.: „Converging Lines of the Evidence Bearing on the Date of P." ZAW 94 (1982): S. 481 – 511.

Zwickel, W.: Räucherkult und Räuchergeräte: Exegetische und archäologische Studien zum Räucheropfer im Alten Testament. Fribourg und Göttingen: 1990 (OBO Bd. 97).

Anhang: Abbildungen

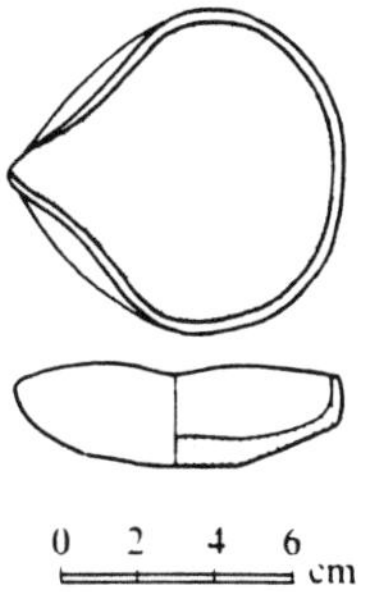

Abb. 1:
Öllampe
MB II a
BRL², Abb. 46,2

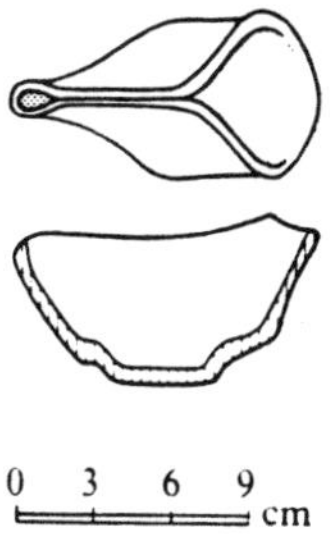

Abb. 2:
Öllampe
Hellenistisch
BRL², Abb. 46,9

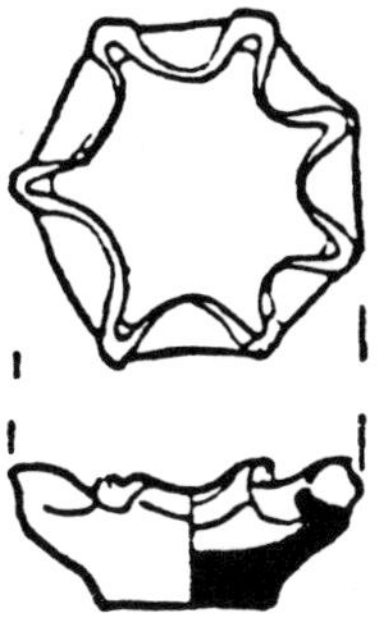

Abb. 3:
Öllampe
Tell en-naṣbeh
O. Keel: Jahwe-Visionen, Abb. 204

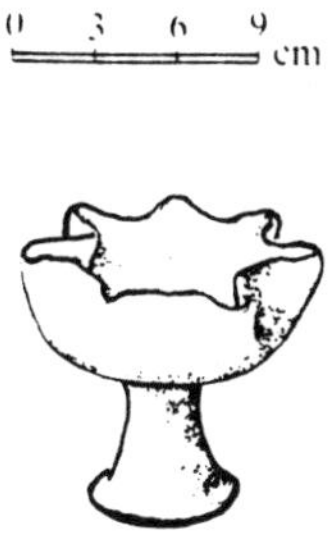

Abb. 4:
Öllampe mit Standfuß
BRL², Abb. 46,12

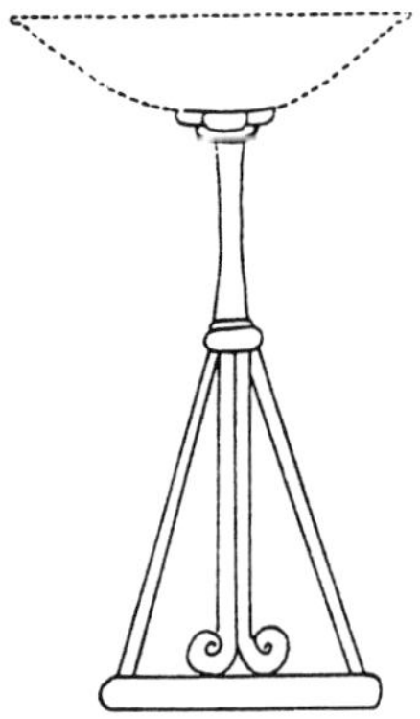

Abb. 5:
Bronzeständer, h ~ 45 cm
Bet. Schean, Level VI
ca. 1176–1075 v. Chr.
F. James: Beth Shan, Fig. 103,1

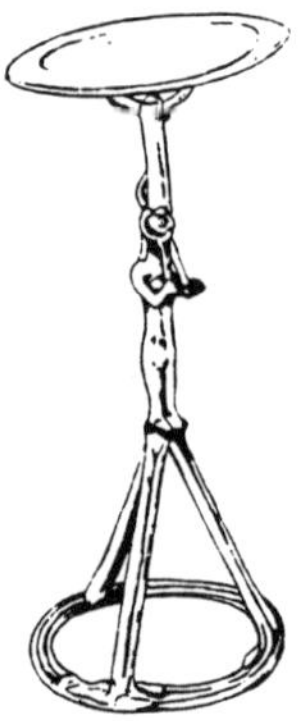

Abb. 6:
Bronzeständer, h ~ 36 cm
Megiddo, Große Brandschicht
K. Galling, Beleuchtungsgeräte, Abb. 18

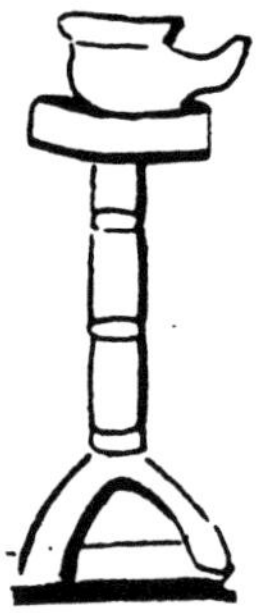

Abb. 7:
Assyr. Bronzetafel (Detail)
Anfang 1. Jh. v. Chr.
O. Keel: Bildsymbolik, Abb. 91

Abb. 8:
Neubabylon. Stempelsiegel
6. Jh. v. Chr.
O. Keel/M. Küchler: Handbuch, Bd. 2, Abb. 578

Abb. 9:
Wandmalerei
Marisa, Musikantengrab
600–400 v. Chr.
O. Keel: Bildsymbolik, Abb. 257

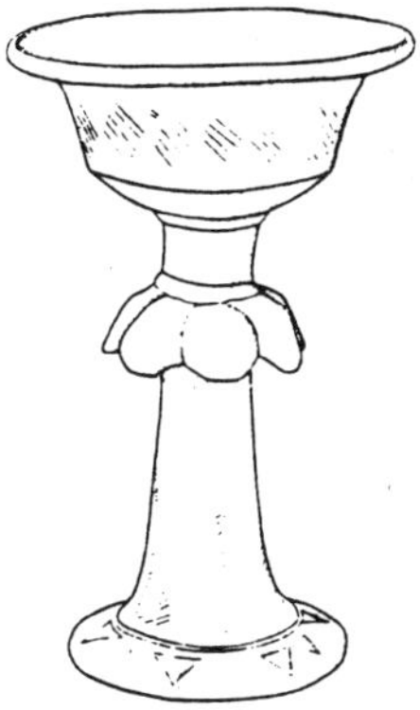

Abb. 10:
Ständer
Tell-Ṣafi
Eisenzeit
EI 18, S. 258, Abb. א

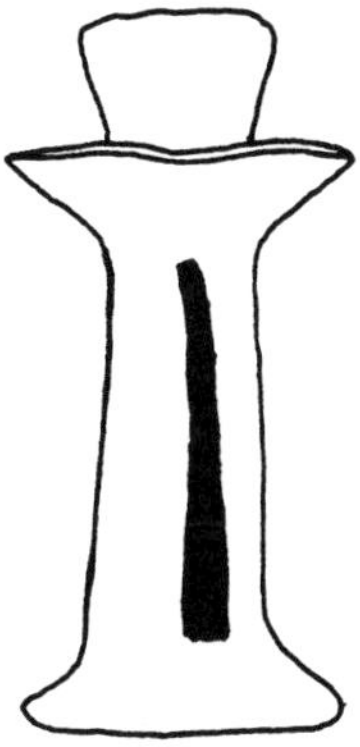

Abb. 11:
Cup-and-saucer
Megiddo
ca. 1000 v. Chr.
H. Smith: BA 27, S. 15

Abb. 12:
Fragment eines Ständers, h ~ 20 cm
Gezer
R. A. S. Macalister: Gezer, Bd. 2,
Abb. 460

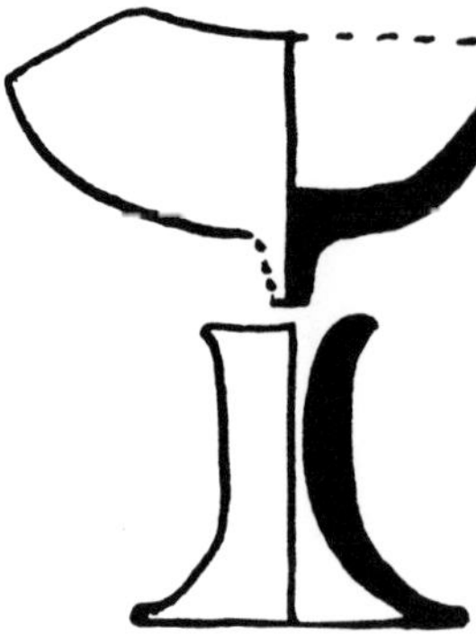

Abb. 13:
Öllampe mit Ständer
el-Ǧib
Eisenzeit
O. Keel: Jahwe-Visionen, Abb. 201

Abb. 14:
Ständer mit Schale
Megiddo
E II
EI 18, S. 258, Abb. ב

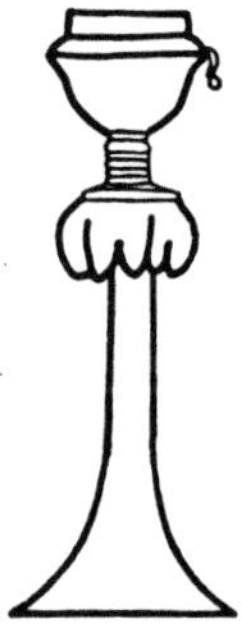

Abb. 15:
Thymiaterion
Grab bei Sichem
586–333 v. Chr.
EI 18, S. 258, Abb. ד

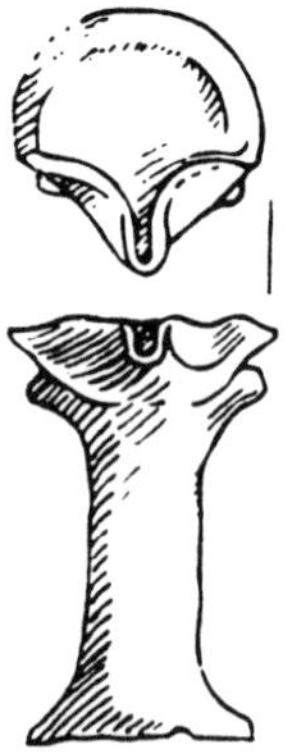

Abb. 16:
Lampe mit Ständer
Tell Bet Mirsim
8./7. Jh. v. Chr.
H. Smith: BA 27, Abb. 11

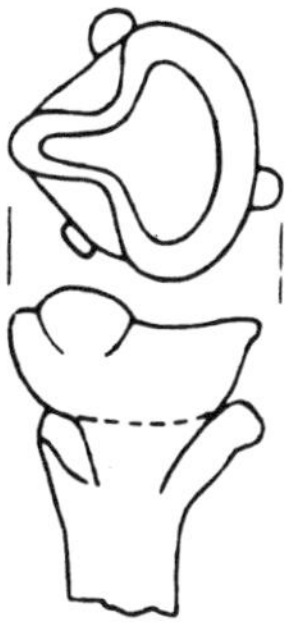

Abb. 17:
Lampe mit Ständer
Tell en-naṣbeh
7. Jh. v. Chr.
H. Smith: BA 27, Abb. 11

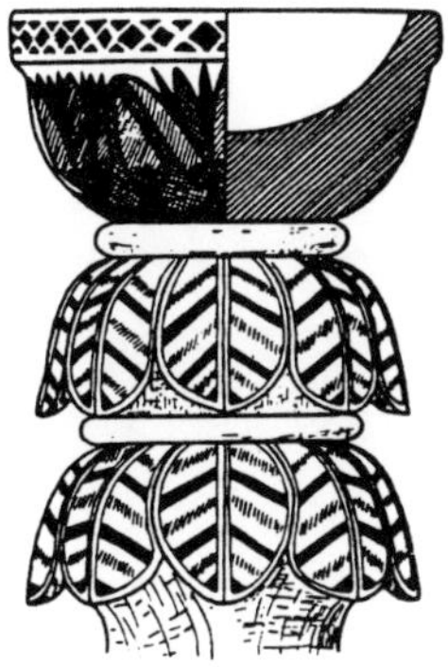

Abb. 18:
Fragment eines Ständers
Megiddo
5. Jh. v. Chr.
H. G. May: Remains, S. 21, Abb. 6

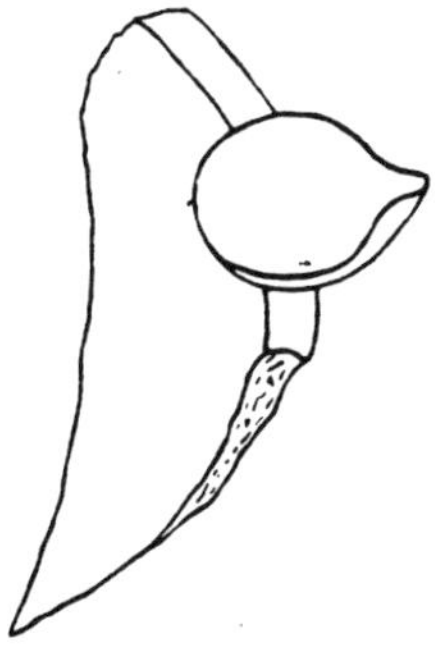

Abb. 19:
Schale mit Lampe
Tell Sandaḥannah
E II/Pers.
O. Keel: Jahwe-Visionen, Abb. 200

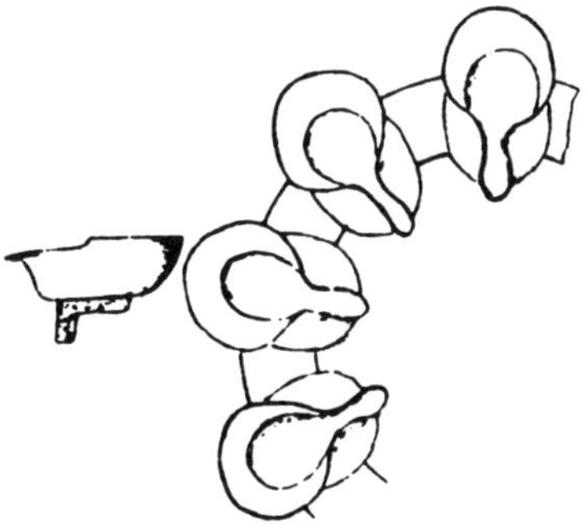

Abb. 20:
Eingezapfte Lampen
Tell eṣ-Ṣafi
E II/Pers.
O. Keel: Jahwe-Visionen, Abb. 199

Abb. 21:
Kernos
Bet Schean
Level VI (ca. 1167–1075)
F. James: Beth Shan, Fig. 58

Abb. 22:
Rekonstruktion K. Gallings
BRL[1], S. 347, Abb. 10

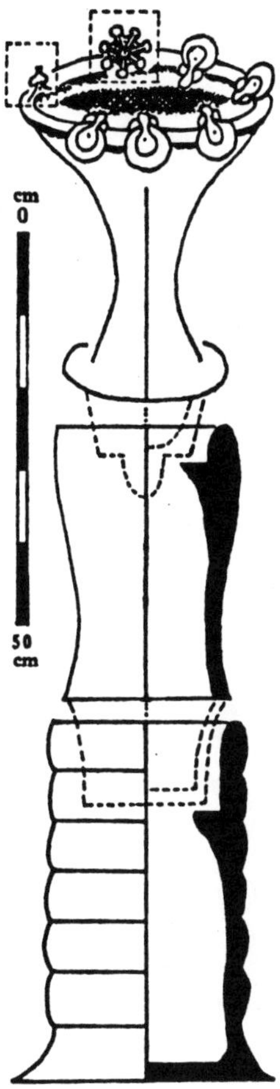

Abb. 23:
Rekonstruktion R. Norths
R. North: Lampstand, Abb. 40–42

Abb. 24:
Eigene Zeichnung nach
R. North: Lampstand, S. 205

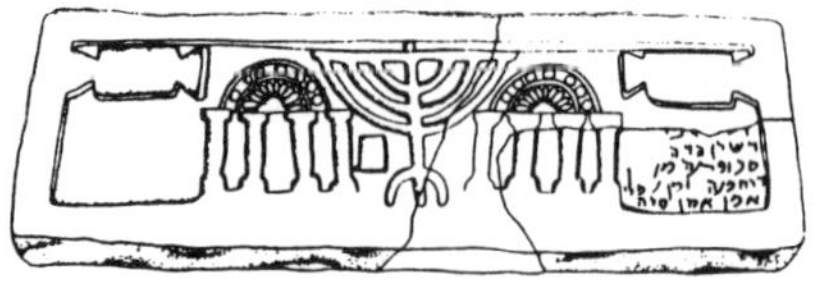

Abb. 25:
Türsturz
Kokhav-Hayarden
Ancient Synagogues Revealed, S. 96

Abb. 26:
Grabstein
E. R. Goodenough: Jewish Symbols, Bd. 3, Abb. 713

Abb. 27:
Öllampe mit Menora
Askalon
E. R. Goodenough: Jewish Symbols, Bd. 3, Abb. 347

Abb. 28:
Bronzeamulett
E. R. Goodenough: Jewish Symbols, Bd. 3, Abb. 1023

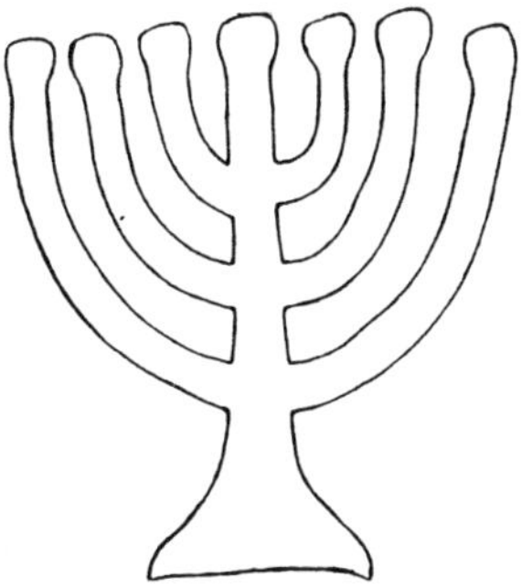

Abb. 29:
Bronzemünze des Antigonus
40–37 v. Chr.
E. R. Goodenough: Jewish Symbols, Bd. 3, Abb. 674

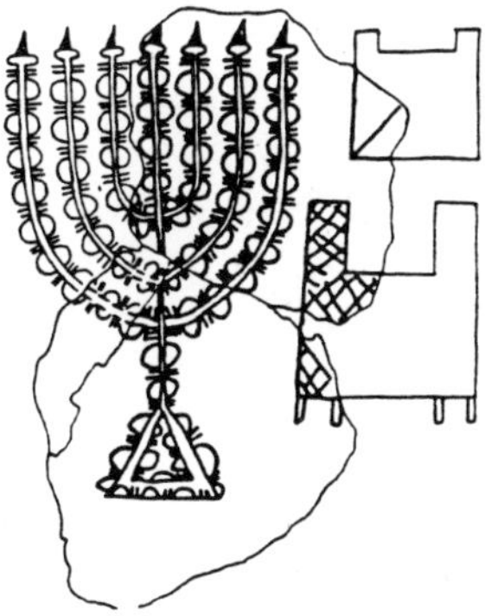

Abb. 30:
Ritzzeichnung, h = 20 cm
Jerusalem, Privathaus
ca. 37–34 v. Chr.
EI 18, S. 260, Abb. 4

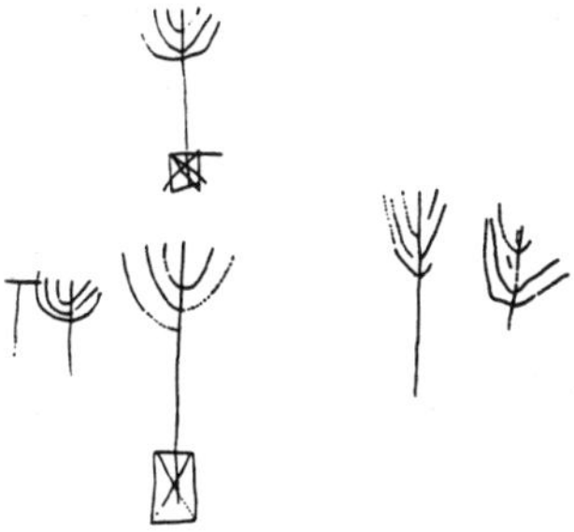

Abb. 31:
Graffiti von Menorot
Jerusalem, Jasons Grab
ca. 103 v. Chr. – 31 n. Chr.
Rahmani: Jason's Tomb, Abb. 7

Abb. 32:
Menora des Titusbogens
Rom
81 n. Chr.
EI 18, S. 260, Abb. 5

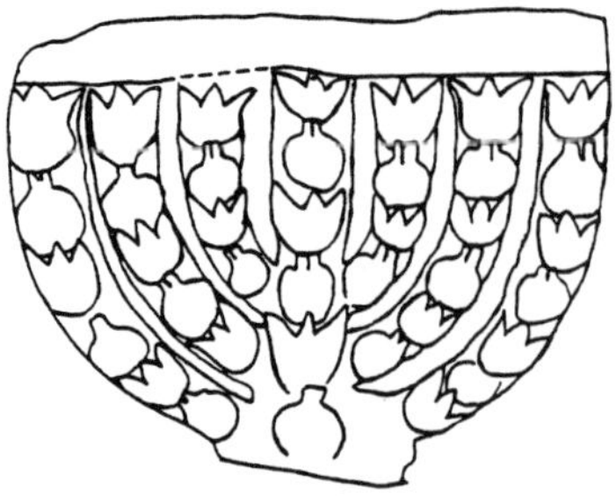

Abb. 33:
Steinmenora, h = 36 cm
Hammath-Tiberias, Synagoge
3. Jh. n. Chr.
EJ 11, S. 1357, Fig. 3

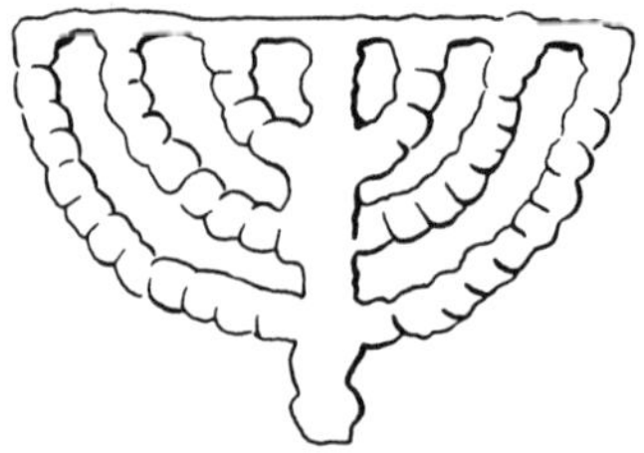

Abb. 34:
Bronzemenora, h = 15 cm
En-Gedi, Synagoge
3. – 5. Jh. n. Chr.
O. Keel/M. Küchler: Handbuch, Bd. 2, Abb. 320

Abb. 35:
Fresko mit Menora
Dura-Europos, Synagoge
3. Jh. n. Chr.
EI 18, S. 261, Abb. 6

Abb. 36:
Mosaik
Bet-Alfa, Synagoge
6. Jh. n. Chr.
E. R. Goodenough: Jewish Symbols, Bd. 3, Abb. 639

Abb. 37:
Mosaik
Ma'on, Synagoge
6./7. Jh. n. Chr.
Ancient Synagogues Revealed, S. 17

Abb. 38:
Mosaik
Hammath-Tiberias, Synagoge
3./4. Jh. n. Chr.
M. Dothan: Hammath, S. 35

Abb. 39:
Mosaik
Na'aran, Synagoge
frühestens 3. Jh. n. Chr.
Ancient Synagogues Revealed, S. 136

Abb. 40:
Epitaph
Venosa, Katakombe
E. R. Goodenough: Jewish Symbols,
Bd. 3, Abb. 851

<u>Abb. 41:</u>
Grabstein
Monteverde, Katakombe
E. R. Goodenough: Jewish Symbols, Bd. 3, Abb. 707

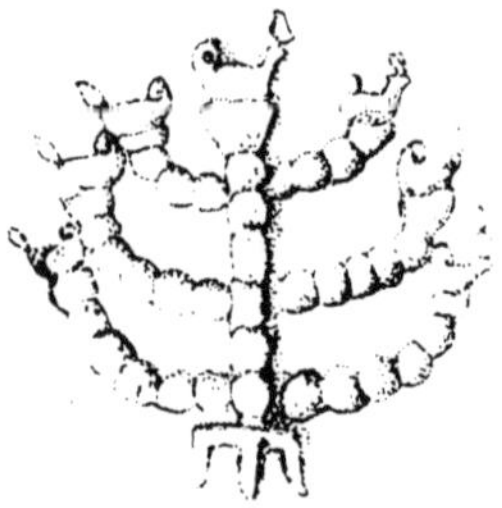

<u>Abb. 42:</u>
Menora auf Sarkophag
Rom
4. Jh. n. Chr.
EI 18, S. 263, Abb. א

<u>Abb. 43:</u>
Menora mit Inschrift
Venosa
E. R. Goodenough: Jewish Symbols, Bd. 3, Abb. 7

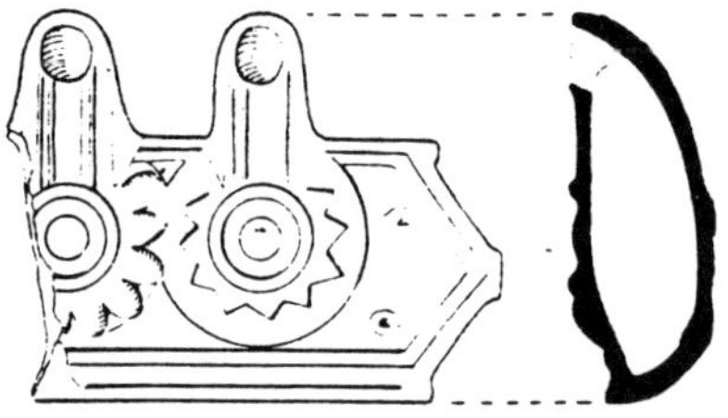

<u>Abb. 44:</u>
„Tablett-Lampe“, Fragment
Breite bei 7 Lampen ca. 25 cm
Samaria
2./1. Jh. v. Chr.
Samaria-Sebaste Bd. 3, Fig. 87,8

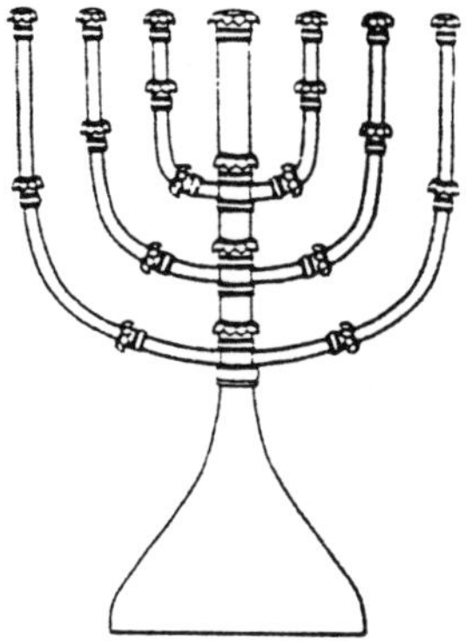

Abb. 45:
Rekonstruktion von
R. Hachlili und R. Merhav
EI 18, S. 261, Abb. 7

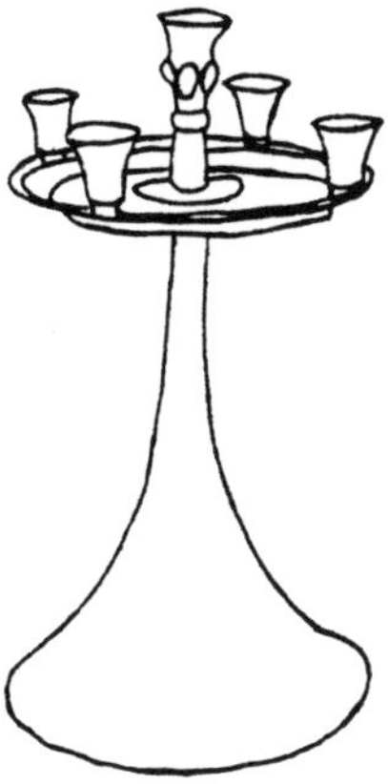

Abb. 46:
Bronzeleuchter
el-Kurru (Ägypten)
25. Dyn.
EI 18, Tafel א ב, Abb. 4

Abb. 47:
Lebensbaum auf Steingefäß
Khafaje (Mesopotamien)
Jamdat-Nars-Zeit
E. R. Goodenough: Jewish Symbols,
Bd. 3, Abb. 3

Abb. 48:
Rollsiegel
Assyrien
ca. 10. Jh. v. Chr.
O. Keel: Bildsymbolik, Abb. 23

Abb. 49:
Rollsiegel, durchbohrt, Karneol
ca. 900 v. Chr.
O. Keel: Jahwes Entgegnung an Ijob, Abb. 13

ORBIS BIBLICUS ET ORIENTALIS

Bd. 1 OTTO RICKENBACHER: *Weisheitsperikopen bei Ben Sira.* X–214–15* Seiten. 1973. Vergriffen.

Bd. 2 FRANZ SCHNIDER: *Jesus der Prophet.* 298 Seiten. 1973. Vergriffen.

Bd. 3 PAUL ZINGG: *Das Wachsen der Kirche.* Beiträge zur Frage der lukanischen Redaktion und Theologie. 345 Seiten. 1974. Vergriffen.

Bd. 4 KARL JAROŠ: *Die Stellung des Elohisten zur kanaanäischen Religion.* 294 Seiten, 12 Abbildungen. 1982. 2. verbesserte und überarbeitete Auflage.

Bd. 5 OTHMAR KEEL: *Wirkmächtige Siegeszeichen im Alten Testament.* Ikonographische Studien zu Jos 8, 18–26; Ex 17, 8–13; 2 Kön 13, 14–19 und 1 Kön 22, 11. 232 Seiten, 78 Abbildungen. 1974. Vergriffen.

Bd. 6 VITUS HUONDER: *Israel Sohn Gottes.* Zur Deutung eines alttestamentlichen Themas in der jüdischen Exegese des Mittelalters. 231 Seiten. 1975.

Bd. 7 RAINER SCHMITT: *Exodus und Passa. Ihr Zusammenhang im Alten Testament.* 124 Seiten. 1982. 2. neubearbeitete Auflage.

Bd. 8 ADRIAN SCHENKER: *Hexaplarische Psalmenbruchstücke.* Die hexaplarischen Psalmenfragmente der Handschriften Vaticanus graecus 752 und Canonicianus graecus 62. Einleitung, Ausgabe, Erläuterung. XXVIII–446 Seiten. 1975.

Bd. 9 BEAT ZUBER: *Vier Studien zu den Ursprüngen Israels.* Die Sinaifrage und Probleme der Volks- und Traditionsbildung. 152 Seiten. 1976. Vergriffen.

Bd. 10 EDUARDO ARENS: *The ΗΛΘΟΝ-Sayings in the Synoptic Tradition.* A Historico-critical Investigation. 370 Seiten. 1976.

Bd. 11 KARL JAROŠ: *Sichem.* Eine archäologische und religionsgeschichtliche Studie, mit besonderer Berücksichtigung von Jos 24. 280 Seiten, 193 Abbildungen. 1976.

Bd. 11a KARL JAROŠ/BRIGITTE DECKERT: *Studien zur Sichem-Area.* 81 Seiten, 23 Abbildungen. 1977.

Bd. 12 WALTER BÜHLMANN: *Vom rechten Reden und Schweigen.* Studien zu Proverbien 10–31. 371 Seiten. 1976. Vergriffen.

Bd. 13 IVO MEYER: *Jeremia und die falschen Propheten.* 155 Seiten. 1977. Vergriffen.

Bd. 14 OTHMAR KEEL: *Vögel als Boten.* Studien zu Ps 68, 12–14, Gen 8, 6–12, Koh 10, 20 und dem Aussenden von Botenvögeln in Ägypten. – Mit einem Beitrag von Urs Winter zu Ps 56, 1 und zur Ikonographie der Göttin mit der Taube. 164 Seiten, 44 Abbildungen. 1977. Vergriffen.

Bd. 15 MARIE-LOUISE GUBLER: *Die frühesten Deutungen des Todes Jesu.* Eine motivgeschichtliche Darstellung aufgrund der neueren exegetischen Forschung. XVI–424 Seiten. 1977. Vergriffen.

Bd. 16 JEAN ZUMSTEIN: *La condition du croyant dans l'Evangile selon Matthieu.* 467 pages. 1977. Epuisé.

Bd. 17 FRANZ SCHNIDER: *Die verlorenen Söhne.* Strukturanalytische und historisch-kritische Untersuchungen zu Lk 15. 105 Seiten. 1977.

Bd. 18 HEINRICH VALENTIN: *Aaron.* Eine Studie zur vor-priesterschriftlichen Aaron-Überlieferung. VIII–441 Seiten. 1978.

Bd. 19 MASSÉO CALOZ: *Etude sur la LXX origénienne du Psautier.* Les relations entre les leçons des Psaumes du Manuscrit Coislin 44, les Fragments des Hexaples et le texte du Psautier Gallican. 480 pages. 1978.

Bd. 20 RAPHAEL GIVEON: *The Impact of Egypt on Canaan.* Iconographical and Related Studies. 156 Seiten, 73 Abbildungen. 1978.

Bd. 21 DOMINIQUE BARTHÉLEMY: *Etudes d'histoire du texte de l'Ancien Testament.* XXV–419 pages. 1978. Epuisé.

Bd. 22/1 CESLAS SPICQ: *Notes de Lexicographie néo-testamentaire.* Tome I: p. 1–524. 1978. Epuisé.

Bd. 22/2 CESLAS SPICQ: *Notes de Lexicographie néo-testamentaire.* Tome II: p. 525–980. 1978. Epuisé.

Bd. 22/3 CESLAS SPICQ: *Notes de Lexicographie néo-testamentaire.* Supplément. 698 pages. 1982.

Bd. 23 BRIAN M. NOLAN: *The Royal Son of God.* The Christology of Matthew 1–2 in the Setting of the Gospel. 282 Seiten. 1979. Out of print.

Bd. 24 KLAUS KIESOW: *Exodustexte im Jesajabuch.* Literarkritische und motivgeschichtliche Analysen. 221 Seiten. 1979. Vergriffen.

Bd. 25/1 MICHAEL LATTKE: *Die Oden Salomos in ihrer Bedeutung für Neues Testament und Gnosis.* Band I. Ausführliche Handschriftenbeschreibung. Edition mit deutscher Parallel-Übersetzung. Hermeneutischer Anhang zur gnostischen Interpretation der Oden Salomos in der Pistis Sophia. XI–237 Seiten. 1979.

Bd. 25/1a MICHAEL LATTKE: *Die Oden Salomos in ihrer Bedeutung für Neues Testament und Gnosis.* Band Ia. Der syrische Text der Edition in Estrangela Faksimile des griechischen Papyrus Bodmer XI. 68 Seiten. 1980.

Bd. 25/2 MICHAEL LATTKE: *Die Oden Salomos in ihrer Bedeutung für Neues Testament und Gnosis.* Band II. Vollständige Wortkonkordanz zur handschriftlichen, griechischen, koptischen, lateinischen und syrischen Überlieferung der Oden Salomos. Mit einem Faksimile des Kodex N. XVI–201 Seiten. 1979.

Bd. 25/3 MICHAEL LATTKE: *Die Oden Salomos in ihrer Bedeutung für Neues Testament und Gnosis.* Band III. XXXIV–478 Seiten. 1986.

Bd. 26 MAX KÜCHLER: *Frühjüdische Weisheitstraditionen.* Zum Fortgang weisheitlichen Denkens im Bereich des frühjüdischen Jahweglaubens. 703 Seiten. 1979. Vergriffen.

Bd. 27 JOSEF M. OESCH: *Petucha und Setuma.* Untersuchungen zu einer überlieferten Gliederung im hebräischen Text des Alten Testaments. XX–392–37* Seiten. 1979.

Bd. 28 ERIK HORNUNG/OTHMAR KEEL (Herausgeber): *Studien zu altägyptischen Lebenslehren.* 394 Seiten. 1979.

Bd. 29 HERMANN ALEXANDER SCHLÖGL: *Der Gott Tatenen.* Nach Texten und Bildern des Neuen Reiches. 216 Seiten, 14 Abbildungen. 1980.

Bd. 30 JOHANN JAKOB STAMM: *Beiträge zur Hebräischen und Altorientalischen Namenkunde.* XVI–264 Seiten. 1980.

Bd. 31 HELMUT UTZSCHNEIDER: *Hosea - Prophet vor dem Ende.* Zum Verhältnis von Geschichte und Institution in der alttestamentlichen Prophetie. 260 Seiten. 1980.

Bd. 32 PETER WEIMAR: *Die Berufung des Mose.* Literaturwissenschaftliche Analyse von Exodus 2, 23–5, 5. 402 Seiten. 1980.

Bd. 33 OTHMAR KEEL: *Das Böcklein in der Milch seiner Mutter und Verwandtes.* Im Lichte eines altorientalischen Bildmotivs. 163 Seiten, 141 Abbildungen. 1980.

Bd. 34 PIERRE AUFFRET: *Hymnes d'Egypte et d'Israël.* Etudes de structures littéraires. 316 pages, 1 illustration. 1981.

Bd. 35 ARIE VAN DER KOOIJ: *Die alten Textzeugen des Jesajabuches.* Ein Beitrag zur Textgeschichte des Alten Testaments. 388 Seiten. 1981.

Bd. 36 CARMEL McCARTHY: *The Tiqqune Sopherim and Other Theological Corrections in the Masoretic Text of the Old Testament.* 280 Seiten. 1981.

Bd. 37 BARBARA L. BEGELSBACHER-FISCHER: *Untersuchungen zur Götterwelt des Alten Reiches im Spiegel der Privatgräber der IV. und V. Dynastie.* 336 Seiten. 1981.

Bd. 38 MÉLANGES DOMINIQUE BARTHÉLEMY. *Etudes bibliques offertes à l'occasion de son 60e anniversaire.* Edités par Pierre Casetti, Othmar Keel et Adrian Schenker. 724 pages, 31 illustrations. 1981.

Bd. 39 ANDRÉ LEMAIRE: *Les écoles et la formation de la Bible dans l'ancien Israël.* 142 pages, 14 illustrations. 1981.

Bd. 40 JOSEPH HENNINGER: *Arabica Sacra.* Aufsätze zur Religionsgeschichte Arabiens und seiner Randgebiete. Contributions à l'histoire religieuse de l'Arabie et de ses régions limitrophes. 347 Seiten. 1981.

Bd. 41 DANIEL VON ALLMEN: *La famille de Dieu.* La symbolique familiale dans le paulinisme. LXVII–330 pages, 27 planches. 1981.

Bd. 42 ADRIAN SCHENKER: *Der Mächtige im Schmelzofen des Mitleids.* Eine Interpretation von 2 Sam 24. 92 Seiten. 1982.

Bd. 43 PAUL DESELAERS: *Das Buch Tobit.* Studien zu seiner Entstehung, Komposition und Theologie. 532 Seiten + Übersetzung 16 Seiten. 1982.

Bd. 44 PIERRE CASETTI: *Gibt es ein Leben vor dem Tod?* Eine Auslegung von Psalm 49. 315 Seiten. 1982.

Bd. 45 FRANK-LOTHAR HOSSFELD: *Der Dekalog.* Seine späten Fassungen, die originale Komposition und seine Vorstufen. 308 Seiten. 1982. Vergriffen.

Bd. 46 ERIK HORNUNG: *Der ägyptische Mythos von der Himmelskuh.* Eine Ätiologie des Unvollkommenen. Unter Mitarbeit von Andreas Brodbeck, Hermann Schlögl und Elisabeth Staehelin und mit einem Beitrag von Gerhard Fecht. XII–129 Seiten, 10 Abbildungen. 1991. 2. ergänzte Auflage.

Bd. 47 PIERRE CHERIX: *Le Concept de Notre Grande Puissance (CG VI, 4).* Texte, remarques philologiques, traduction et notes. XIV–95 pages. 1982.

Bd. 48 JAN ASSMANN/WALTER BURKERT/FRITZ STOLZ: *Funktionen und Leistungen des Mythos.* Drei altorientalische Beispiele. 118 Seiten, 17 Abbildungen. 1982. Vergriffen.

Bd. 49 PIERRE AUFFRET: *La sagesse a bâti sa maison.* Etudes de structures littéraires dans l'Ancien Testament et spécialement dans les psaumes. 580 pages. 1982.

Bd. 50/1 DOMINIQUE BARTHÉLEMY: *Critique textuelle de l'Ancien Testament.* 1. Josué, Juges, Ruth, Samuel, Rois, Chroniques, Esdras, Néhémie, Esther. Rapport final du Comité pour l'analyse textuelle de l'Ancien Testament hébreu institué par l'Alliance Biblique Universelle, établi en coopération avec Alexander R. Hulst †, Norbert Lohfink, William D. McHardy, H. Peter Rüger, coéditeur, James A. Sanders, coéditeur. 812 pages. 1982.

Bd. 50/2 DOMINIQUE BARTHÉLEMY: *Critique textuelle de l'Ancien Testament.* 2. Isaïe, Jérémie, Lamentations. Rapport final du Comité pour l'analyse textuelle de l'Ancien Testament hébreu institué par l'Alliance Biblique Universelle, établi en coopération avec Alexander R. Hulst †, Norbert Lohfink, William D. McHardy, H. Peter Rüger, coéditeur, James A. Sanders, coéditeur. 1112 pages. 1986.

Bd. 50/3 DOMINIQUE BARTHÉLEMY: *Critique textuelle de l'Ancien Testament.* Tome 3. Ézéchiel, Daniel et les 12 Prophètes. Rapport final du Comité pour l'analyse textuelle de l'Ancien Testament hébreu institué par l'Alliance Biblique Universelle, établi en coopération avec Alexander R. Hulst†, Norbert Lohfink, William D. McHardy, H. Peter Rüger, coéditeur†, James A. Sanders, coéditeur. 1424 pages. 1992.

Bd. 51 JAN ASSMANN: *Re und Amun.* Die Krise des polytheistischen Weltbilds im Ägypten der 18.–20. Dynastie. XII–309 Seiten. 1983. Vergriffen.

Bd. 52 MIRIAM LICHTHEIM: *Late Egyptian Wisdom Literature in the International Context.* A Study of Demotic Instructions. X–240 Seiten. 1983.

Bd. 53 URS WINTER: *Frau und Göttin.* Exegetische und ikonographische Studien zum weiblichen Gottesbild im Alten Israel und in dessen Umwelt. XVIII–928 Seiten, 520 Abbildungen. 1987. 2. Auflage. Mit einem Nachwort zur 2. Auflage.

Bd. 54 PAUL MAIBERGER: *Topographische und historische Untersuchungen zum Sinaiproblem.* Worauf beruht die Identifizierung des Ǧabal Mūsā mit dem Sinai? 189 Seiten, 13 Tafeln. 1984.

Bd. 55 PETER FREI/KLAUS KOCH: *Reichsidee und Reichsorganisation im Perserreich.* 119 Seiten, 17 Abbildungen. 1984. Vergriffen. Neuauflage in Vorbereitung

Bd. 56 HANS-PETER MÜLLER: *Vergleich und Metapher im Hohenlied.* 59 Seiten. 1984.

Bd. 57 STEPHEN PISANO: *Additions or Omissions in the Books of Samuel.* The Significant Pluses and Minuses in the Massoretic, LXX and Qumran Texts. XIV–295 Seiten. 1984.

Bd. 58 ODO CAMPONOVO: *Königtum, Königsherrschaft und Reich Gottes in den Frühjüdischen Schriften.* XVI–492 Seiten. 1984.

Bd. 59 JAMES KARL HOFFMEIER: *Sacred in the Vocabulary of Ancient Egypt.* The Term *DSR*, with Special Reference to Dynasties I–XX. XXIV–281 Seiten, 24 Figures. 1985.

Bd. 60 CHRISTIAN HERRMANN: *Formen für ägyptische Fayencen.* Katalog der Sammlung des Biblischen Instituts der Universität Freiburg Schweiz und einer Privatsammlung. XXVIII-199 Seiten. Mit zahlreichen Abbildungen im Text und 30 Tafeln. 1985.

Bd. 61 HELMUT ENGEL: *Die Susanna-Erzählung.* Einleitung, Übersetzung und Kommentar zum Septuaginta-Text und zur Theodition-Bearbeitung. 205 Seiten + Anhang 11 Seiten. 1985.

Bd. 62 ERNST KUTSCH: *Die chronologischen Daten des Ezechielbuches.* 82 Seiten. 1985.

Bd. 63 MANFRED HUTTER: *Altorientalische Vorstellungen von der Unterwelt.* Literar- und religionsgeschichtliche Überlegungen zu «Nergal und Ereškigal». VIII–187 Seiten. 1985.

Bd. 64 HELGA WEIPPERT/KLAUS SEYBOLD/MANFRED WEIPPERT: *Beiträge zur prophetischen Bildsprache in Israel und Assyrien.* IX–93 Seiten. 1985.

Bd. 65 ABDEL-AZIZ FAHMY SADEK: *Contribution à l'étude de l'Amdouat.* Les variantes tardives du Livre de l'Amdouat dans les papyrus du Musée du Caire. XVI–400 pages, 175 illustrations. 1985.

Bd. 66 HANS-PETER STÄHLI: *Solare Elemente im Jahweglauben des Alten Testamentes.* X–60 Seiten. 1985.

Bd. 67 OTHMAR KEEL / SILVIA SCHROER: *Studien zu den Stempelsiegeln aus Palästina/Israel.* Band I. 115 Seiten, 103 Abbildungen. 1985.

Bd. 68 WALTER BEYERLIN: *Weisheitliche Vergewisserung mit Bezug auf den Zionskult.* Studien zum 125. Psalm. 96 Seiten. 1985.

Bd. 69 RAPHAEL VENTURA: *Living in a City of the Dead.* A Selection of Topographical and Administrative Terms in the Documents of the Theban Necropolis. XII–232 Seiten. 1986.

Bd. 70 CLEMENS LOCHER: *Die Ehre einer Frau in Israel.* Exegetische und rechtsvergleichende Studien zu Dtn 22, 13–21. XVIII–464 Seiten. 1986.

Bd. 71 HANS-PETER MATHYS: *Liebe deinen Nächsten wie dich selbst.* Untersuchungen zum alttestamentlichen Gebot der Nächstenliebe (Lev 19,18). XII–204 Seiten. 1990. 2. verbesserte Auflage.

Bd. 72 FRIEDRICH ABITZ: *Ramses III. in den Gräbern seiner Söhne.* 156 Seiten, 31 Abbildungen. 1986.

Bd. 73 DOMINIQUE BARTHÉLEMY/DAVID W. GOODING/JOHAN LUST/EMANUEL TOV: *The Story of David and Goliath.* 160 Seiten. 1986.

Bd. 74 SILVIA SCHROER: *In Israel gab es Bilder.* Nachrichten von darstellender Kunst im Alten Testament. XVI–553 Seiten, 146 Abbildungen. 1987.

Bd. 75 ALAN R. SCHULMAN: *Ceremonial Execution and Public Rewards.* Some Historical Scenes on New Kingdom Private Stelae. 296 Seiten, 41 Abbildungen. 1987.

Bd. 76 JOŽE KRAŠOVEC: *La justice (Ṣdq) de Dieu dans la Bible hébraïque et l'interprétation juive et chrétienne.* 456 pages. 1988.

Bd. 77 HELMUT UTZSCHNEIDER: *Das Heiligtum und das Gesetz.* Studien zur Bedeutung der sinaitischen Heiligtumstexte (Ez 25–40; Lev 8–9). XIV–326 Seiten. 1988.

Bd. 78 BERNARD GOSSE: *Isaie 13,1-14,23.* Dans la tradition littéraire du livre d'Isaïe et dans la tradition des oracles contre les nations. 308 pages. 1988.

Bd. 79 INKE W. SCHUMACHER: *Der Gott Sopdu - Der Herr der Fremdländer.* XVI–364 Seiten, 6 Abbildungen. 1988.

Bd. 80 HELLMUT BRUNNER: *Das hörende Herz.* Kleine Schriften zur Religions- und Geistesgeschichte Ägyptens. Herausgegeben von Wolfgang Röllig. 449 Seiten, 55 Abbildungen. 1988.

Bd. 81 WALTER BEYERLIN: *Bleilot, Brecheisen oder was sonst?* Revision einer Amos-Vision. 68 Seiten. 1988.

Bd. 82 MANFRED HUTTER: *Behexung, Entsühnung und Heilung.* Das Ritual der Tunnawiya für ein Königspaar aus mittelhethitischer Zeit (KBo XXI 1 – KUB IX 34 – KBo XXI 6). 186 Seiten. 1988.

Bd. 83 RAPHAEL GIVEON: *Scarabs from Recent Excavations in Israel.* 114 Seiten. Mit zahlreichen Abbildungen im Text und 9 Tafeln. 1988.

Bd. 84 MIRIAM LICHTHEIM: *Ancient Egyptian Autobiographies chiefly of the Middle Kingdom.* A Study and an Anthology. 200 Seiten, 10 Seiten Abbildungen. 1988.

Bd. 85 ECKART OTTO: *Rechtsgeschichte der Redaktionen im Kodex Ešnunna und im «Bundesbuch».* Eine redaktionsgeschichtliche und rechtsvergleichende Studie zu altbabylonischen und altisraelitischen Rechtsüberlieferungen. 220 Seiten. 1989.

Bd. 86 ANDRZEJ NIWIŃSKI: *Studies on the Illustrated Theban Funerary Papyri of the 11th and 10th Centuries B.C.* 488 Seiten, 80 Seiten Tafeln. 1989.

Bd. 87 URSULA SEIDL: *Die babylonischen Kudurru-Reliefs.* Symbole mesopotamischer Gottheiten. 236 Seiten, 33 Tafeln und 2 Tabellen. 1989.

Bd. 88 OTHMAR KEEL/HILDI KEEL-LEU/SILVIA SCHROER: *Studien zu den Stempelsiegeln aus Palästina/Israel.* Band II. 364 Seiten, 652 Abbildungen. 1989.

Bd. 89 FRIEDRICH ABITZ: *Baugeschichte und Dekoration des Grabes Ramses' VI.* 202 Seiten, 39 Abbildungen. 1989.

Bd. 90 JOSEPH HENNINGER SVD: *Arabica varia.* Aufsätze zur Kulturgeschichte Arabiens und seiner Randgebiete. Contributions à l'histoire culturelle de l'Arabie et de ses régions limitrophes. 504 Seiten. 1989.

Bd. 91 GEORG FISCHER: *Jahwe unser Gott.* Sprache, Aufbau und Erzähltechnik in der Berufung des Mose (Ex. 3–4). 276 Seiten. 1989.

Bd. 92 MARK A. O'BRIEN: *The Deuteronomistic History Hypothesis:* A Reassessment. 340 Seiten. 1989.

Bd. 93 WALTER BEYERLIN: *Reflexe der Amosvisionen im Jeremiabuch.* 120 Seiten. 1989.

Bd. 94 ENZO CORTESE: *Josua 13-21.* Ein priesterschriftlicher Abschnitt im deuteronomistischen Geschichtswerk. 136 Seiten. 1990.

Bd. 95 ERIK HORNUNG (Herausgeber): *Zum Bild Ägyptens im Mittelalter und in der Renaissance. Comment se représente-t-on l'Egypte au Moyen Age et à la Renaissance.* 268 Seiten. 1990.

Bd. 96 ANDRÉ WIESE: *Zum Bild des Königs auf ägyptischen Siegelamuletten.* 264 Seiten. Mit zahlreichen Abbildungen im Text und 32 Tafeln. 1990.

Bd. 97 WOLFGANG ZWICKEL: *Räucherkult und Räuchergeräte.* Exegetische und archäologische Studien zum Räucheropfer im Alten Testament. 372 Seiten. Mit zahlreichen Abbildungen im Text. 1990.

Bd. 98 AARON SCHART: *Mose und Israel im Konflikt.* Eine redaktionsgeschichtliche Studie zu den Wüstenerzählungen. 296 Seiten. 1990.

Bd. 99 THOMAS RÖMER: *Israels Väter.* Untersuchungen zur Väterthematik im Deuteronomium und in der deuteronomistischen Tradition. 664 Seiten. 1990.

Bd. 100 OTHMAR KEEL/MENAKHEM SHUVAL/CHRISTOPH UEHLINGER: *Studien zu den Stempelsiegeln aus Palästina/Israel.* Band III. Die Frühe Eisenzeit. Ein Workshop. XIV–456 Seiten. Mit zahlreichen Abbildungen im Text und 22 Tafeln. 1990.

Bd. 101 CHRISTOPH UEHLINGER: *Weltreich und «eine Rede».* Eine neue Deutung der sogenannten Turmbauerzählung (Gen 11,1–9). XVI–654 Seiten. 1990.

Bd. 102 BENJAMIN SASS: *Studia Alphabetica.* On the Origin and Early History of the Northwest Semitic, South Semitic and Greek Alphabets. X–120 Seiten. 16 Seiten Abbildungen. 2 Tabellen. 1991.

Bd. 103 ADRIAN SCHENKER: *Text und Sinn im Alten Testament.* Textgeschichtliche und bibeltheologische Studien. VIII–312 Seiten. 1991.

Bd. 104 DANIEL BODI: *The Book of Ezekiel and the Poem of Erra.* IV–332 Seiten. 1991.

Bd. 105 YUICHI OSUMI: *Die Kompositionsgeschichte des Bundesbuches Exodus 20,22b-23,33.* XII–284 Seiten. 1991.

Bd. 106 RUDOLF WERNER: *Kleine Einführung ins Hieroglyphen-Luwische.* XII–112 Seiten. 1991.

Bd. 107 THOMAS STAUBLI: *Das Image der Nomaden im Alten Israel und in der Ikonographie seiner sesshaften Nachbarn.* XII–408 Seiten. 145 Abb. und 3 Falttafeln. 1991.

Bd. 108 MOSHÉ ANBAR: *Les tribus amurrites de Mari.* VIII–256 Seiten. 1991.

Bd. 109 GÉRARD J. NORTON/STEPHEN PISANO (eds.): *Tradition of the Text.* Studies offered to Dominique Barthélemy in Celebration of his 70th Birthday. 336 Seiten. 1991.

Bd. 110 HILDI KEEL-LEU: *Vorderasiatische Stempelsiegel.* Die Sammlung des Biblischen Instituts der Universität Freiburg Schweiz. 180 Seiten. 24 Tafeln. 1991.

Bd. 111 NORBERT LOHFINK: *Die Väter Israels im Deuteronomium.* Mit einer Stellungnahme von Thomas Römer. 152 Seiten. 1991.

Bd. 112 EDMUND HERMSEN: *Die zwei Wege des Jenseits.* Das altägyptische Zweiwegebuch und seine Topographie. XII–282 Seiten, 1 mehrfarbige und 19 Schwarz-weiss-Abbildungen. 1992.

Bd. 113 CHARLES MAYSTRE: *Les grands prêtres de Ptah de Memphis.* XIV–474 pages, 2 planches. 1992.

Bd. 114 THOMAS SCHNEIDER: *Asiatische Personennamen in ägyptischen Quellen des Neuen Reiches.* 480 Seiten. 1992.

Bd. 115 ECKHARD VON NORDHEIM: *Die Selbstbehauptung Israels in der Welt des Alten Orients.* Religionsgeschichtlicher Vergleich anhand von Gen 15/22/28, dem Aufenthalt Israels in Ägypten, 2 Sam 7, 1 Kön 19 und Psalm 104. 240 Seiten. 1992.

Bd. 116 DONALD M. MATTHEWS: *The Kassite Glyptic of Nippur.* 208 Seiten. 210 Abbildungen. 1992.

Bd. 117 FIONA V. RICHARDS: *Scarab Seals from a Middle to Late Bronze Age Tomb at Pella in Jordan.* XII–152 Seiten, 16 Tafeln. 1992.

Bd. 118 YOHANAN GOLDMAN: *Prophétie et royauté au retour de l'exil. Les origines littéraires de la forme massorétique du livre de Jérémie.* XIV–270 pages. 1992.

Bd. 119 THOMAS M. KRAPF: *Die Priesterschrift und die vorexilische Zeit. Yehezkel Kaufmanns vernachlässigter Beitrag zur Geschichte der biblischen Religion.* XX-364 Seiten. 1992.

Bd. 120 MIRIAM LICHTHEIM: *Maat in Egyptian Autobiographies and Related Studies.* 236 Seiten, 8 Tafeln. 1992.

Bd. 121 ULRICH HÜBNER: *Spiele und Spielzeug im antiken Palästina.* 256 Seiten. 58 Abbildungen. 1992.

Bd. 122 OTHMAR KEEL: *Das Recht der Bilder, gesehen zu werden. Drei Fallstudien zur Methode der Interpretation altorientalischer Bilder.* 332 Seiten, 286 Abbildungen. 1992.

Bd. 123 WOLFGANG ZWICKEL (Hrsg.): *Biblische Welten. Festschrift für Martin Metzger zu seinem 65. Geburtstag.* 268 Seiten, 19 Abbildungen. 1993.

Bd. 124 AHMED FERJAOUI: *Recherches sur les relations entre l'Orient phénicien et Carthage.* 528 pages, 57 planches. 1993.

Bd. 125 BENJAMIN SASS/CHRISTOPH UEHLINGER (eds.): *Studies in the Iconography of Northwest Semitic Inscribed Seals. Proceedings of a symposium held in Fribourg on April 17-20, 1991.* 368 pages, 532 illustrations. 1993.

Bd. 126 RÜDIGER BARTELMUS/THOMAS KRÜGER/HELMUT UTZSCHNEIDER (Hrsg.): *Konsequente Traditionsgeschichte. Festschrift für Klaus Baltzer zum 65. Geburtstag.* 418 Seiten. 1993.

Bd. 127 ASKOLD I. IVANTCHIK: *Les Cimmériens au Proche-Orient.* 336 pages. 1993.

Bd. 128 JENS VOß: *Die Menora. Gestalt und Funktion des Leuchters im Tempel zu Jerusalem.* 124 Seiten. 1993.

Bd. 129 BERND JANOWSKI/KLAUS KOCH/GERNOT WILHELM: *Religionsgeschichtliche Beziehungen zwischen Kleinasien, Nordsyrien und dem Alten Testament. Internationales Symposion Hamburg 17.-21. März 1990.* 572 Seiten. 1993.

Sonderband PASCAL ATTINGER: *Eléments de linguistique sumérienne. La construction de* du_{11}*/e/di «dire».* 816 pages. 1993.

UNIVERSITÄTSVERLAG FREIBURG SCHWEIZ

Zusammenfassung

Der Schwerpunkt des exegetischen Teiles dieser Untersuchung liegt auf Ex 25,31-40. Beobachtungen zu Terminologie und Syntax und Vergleiche mit Ex 37, 17-24 und Num 8,1-4 führen zu dem Ergebnis, dass in Ex 25, 31-40 zwischen einer im Exil abgefassten Grundschicht Ex 25, 31.37a.38.40 und späteren Ergänzungen unterschieden werden muss. Während die Grundschicht den einfachen Lampenständer des vorexilischen Tempels beschreibt, haben die Ergänzungen den siebenarmigen Leuchter des nachexilischen Tempels vor Augen.

Im archäologischen Teil wird der Versuch unternommen, den vorexilischen und den nachexilischen Leuchter zu rekonstruieren. Ausgehend von dem von K. Möhlenbrink und K. Galling eingebrachten Rekonstruktionsversuch setzt der Verfasser die bei der Beschreibung des vorexilischen Leuchters in Ex 25, 2. Kön 4 und Sach 4 verwendeten Begriffe in bezug zu den verschiedenen Teilen des Leuchters. Für den nachexilischen Leuchter modifiziert der Verfasser den Rekonstruktionsvorschlag von R. Hachlili und R. Merkav.